CLÁSSICOS GREGOS E LATINOS

Rio profundo, os padrões e valores da cultura greco-latina estão subjacentes ao pensar e sentir do mundo hodierno. Modelaram a Europa, primeiro, e enformam hoje a cultura ocidental, do ponto de vista literário, artístico, científico, filosófico e mesmo político. Daí poder dizer-se que, em muitos aspectos, em especial no campo das actividades intelectuais e espirituais, a nossa cultura é, de certo modo, a continuação da dos Gregos e Romanos. Se outros factores contribuíram para a sua formação, a influência dos ideais e valores desses dois povos é preponderante e decisiva. Não conseguimos hoje estudar e compreender plenamente a cultura do mundo ocidental, ao longo dos tempos, sem o conhecimento dos textos que a Grécia e Roma nos legaram. É esse o objectivo desta colecção: dar ao público de língua portuguesa, em traduções cuidadas e no máximo fiéis, as obras dos autores gregos e latinos que, sobrepondo-se aos condicionalismos do tempo e, quantas vezes, aos acasos da transmissão, chegaram até nós.

CLÁSSICOS
GREGOS E LATINOS

Colecção elaborada sob supervisão
do Instituto de Estudos Clássicos da Faculdade de Letras
da Universidade de Coimbra
com a colaboração
da Associação Portuguesa de Estudos Clássicos

TÍTULOS PUBLICADOS:

1. AS AVES, de Aristófanes
2. LAQUES, de Platão
3. AS CATILINÁRIAS, de Cícero
4. ORESTEIA, de Ésquilo
5. REI ÉDIPO, de Sófocles
6. O BANQUETE, de Platão
7. PROMETEU AGRILHOADO, de Ésquilo
8. GÓRGIAS, de Platão
9. AS BACANTES, de Eurípides
10. ANFITRIÃO, de Plauto
11. HISTÓRIAS - Livro I, de Heródoto
12. O EUNUCO, de Terêncio
13. AS TROIANAS, de Eurípides
14. AS RÃS, de Aristófanes
15. HISTÓRIAS - Livro III, de Heródoto
16. APOLOGIA DE SÓCRATES • CRÍTON, de Platão
17. FEDRO, de Platão
18. PERSAS, de Ésquilo
19. FORMIÃO, de Terêncio
20. EPÍDICO, de Plauto
21. HÍPIAS MENOR, de Platão
22. A COMÉDIA DA MARMITA, de Plauto
23. EPIGRAMAS - Vol. I, de Marcial
24. HÍPIAS MAIOR, de Platão
25. HISTÓRIAS - Livro VI, de Heródoto
26. EPIGRAMAS - Vol. II, de Marcial
27. OS HERACLIDAS, de Eurípides
28. HISTÓRIAS - Livro IV, de Heródoto
29. EPIGRAMAS - Vol. III, de Marcial
30. AS MULHERES QUE CELEBRAM AS TESMOFÓRIAS, de Aristófanes

AS MULHERES
QUE CELEBRAM AS
TESMOFÓRIAS

© desta edição: Maria de Fátima Silva e Edições 70, 2001

Capa de Edições 70
Athena Lemnia, de Fídias
Desenho de Louro Fonseca a partir de uma cópia romana

Depósito Legal n.º 172135/01

ISBN 972-44-1076-5

EDIÇÕES 70, LDA.
Rua Luciano Cordeiro, 123 - 2.º Esq.º – 1069-157 LISBOA / Portugal
Telef.: 213 190 240
Fax: 213 190 249
E-mail: edi.70@mail.telepac.pt
www.edicoes70.com

Esta obra está protegida pela lei. Não pode ser reproduzida
no todo ou em parte, qualquer que seja o modo utilizado,
incluindo fotocópia e xerocópia, sem prévia autorização do Editor.
Qualquer transgressão à Lei dos Direitos do Autor será passível de
procedimento judicial.

ARISTÓFANES

AS MULHERES
QUE CELEBRAM AS
TESMOFÓRIAS

Introdução, versão do grego e notas de
Maria de Fátima Silva
Professora da Faculdade de Letras da Universidade de Coimbra

edições 70

Nota prévia

Depois de conhecer duas edições da responsabilidade do Instituto Nacional da Investigação Científica (INIC), em 1978 e 1988 respectivamente, As Mulheres que celebram as Tesmofórias *surge agora em 3.ª edição profundamente remodelada. Impunha-se, por um lado, actualizar algumas reflexões sobre a peça, em função de bibliografia de importância entretanto publicada em diversos países. Mas sobretudo o texto reconheceu, neste período de anos, novos estudos críticos que o vieram transformar de maneira profunda. A velha edição de V. Coulon (Paris, Les Belles Lettres, reimpr. 1967), que servira de base às traduções anteriores, ficou entretanto envelhecida perante a publicação, em 1994, da de A. Sommerstein, em que se apoia a versão portuguesa que agora se apresenta.*

Considerados estes elementos novos, é possível reapresentar em língua portuguesa uma versão que sem dúvida valoriza o entendimento e a sedução de uma peça de real mérito na dramaturgia grega antiga.

Introdução
As Mulheres que celebram as Tesmofórias
e a sua inserção na produção dramática de Aristófanes

Esta comédia, de que possuimos uma cópia única no manuscrito de Ravena, foi apresentada por Aristófanes em 411 a. C.[1], no festival das Grandes Dionísias[2], em Atenas. Com que êxito, não sabemos.

Depois de uma fase de produção dramática voltada sobretudo para as questões 'políticas' do momento – o envolvimento de Atenas na Guerra do Peloponeso, a necessidade urgente de paz, a degradação total da vida social e política da cidade –, Aristófanes dedica, pela primeira vez, toda uma peça ao tema da crítica literária. Vários motivos terão pesado nesta sua opção. Antes de mais, a crítica literária surge como uma alternativa à sátira política, quando a instabilidade social a esta não era favorável; além de procurar proteger-se[3] de eventuais sanções legais, o poeta proporciona ao seu público algum desanuviamento perante a conturbação geral. Mas *As Mulheres que celebram as Tesmofórias* resulta igualmente de um esforço persistente do comediógrafo, no sentido de escalpelizar a produção trágica e desvendar os segredos da arte patrocinada por Dioniso. Desde os seus primeiros passos no teatro, Aristófanes participara do entusiasmo, generalizado entre os cómicos, pelo tema da crítica literária e mostrara-se um homem de letras consciente e atento ao fluir permanente do género dramático. A crítica literária segue, na produção do comediógrafo, um progresso árduo, que se inicia com *Celebrantes do banquete* e atinge o seu clímax em *Rãs*, ainda que o

---

[1] Cf. *infra* nota 146.

[2] Cf. *infra* nota 127.

[3] Cf. Platónio, *Diff. Com., C. G. F.* Kaibel, p. 5, que detecta, já na comédia antiga, esta prática, que se tornou comum na μέση.

tema regresse nas últimas produções do poeta. Basicamente, o comediógrafo lança mão de dois processos no tratamento desta temática: a paródia primeiro, a discussão crítica mais tarde. Ainda que um tanto primária, a paródia literária é um meio eficaz de fazer crítica, que se coaduna com o carácter jocoso da comédia. Pressupõe a recriação de cenas ou versos significativos, que identifiquem um determinado autor, capazes de denunciarem processos e efeitos, que são oferecidos, de uma forma directa, à capacidade crítica do auditório. Foi este o modelo empreendido por Aristófanes nas abordagens que fez do tema nas produções anteriores a 411 (*Celebrantes do banquete, Peças, Acarnenses, Nuvens, Proagôn, Paz* e *Aves*). *As Mulheres que celebram as Tesmofórias* representa, no progresso desta temática, um marco a assinalar. Se o processo crítico utilizado continua a ser a paródia, o poeta atinge agora uma profundidade até então desconhecida. Definidas as grandes linhas de análise, que visam a temática e estrutura das tragédias, o comediógrafo volta-se para o particular, e considera os aspectos cénicos e estilísticos mais salientes naquele que é o protagonista da sua peça, Eurípides. Além dos efeitos visuais e exteriores, o cómico penetra desta vez no âmago do estilo da sua vítima e procura a reprodução, quanto possível fiel, dos processos e vocabulário mais característicos. Os prólogos, a monódia, a esticomitia, a métrica, a música, a terminologia, são testados com finura no cadinho da comédia.

Mas, para além da paródia, Aristófanes ensaiava, desta feita, pela boca de Ágaton, o segundo poeta visado na peça, algumas reflexões de carácter mais teorético, a antecipar um modelo que *Rãs*, justamente considerada o momento da plena realização da reflexão literária em Aristófanes, não faria mais do que sublimar.

A somar-se ao tema literário, que detém nesta peça um lugar de relevo, um outro se perfila como igualmente relevante, e responsável por uma diversidade de tons cómicos que poderão constituir um dos argumentos em favor do muito provável sucesso desta produção. Trata- -se do confronto de sexos e da própria ambiguidade nesta matéria. O título da peça, *As Mulheres que celebram as Tesmofórias*, ostenta, desde logo, esta dinâmica. Não só as mulheres ocupam, no controle e processo da acção, um papel decisivo, como a menção do festival em que se envolvem, e que lhes é exclusivo, adianta uma prerrogativa da condição feminina, a de participar em cultos religiosos como uma das suas funções sociais, e estabelece o ritual dedicado a Deméter e Perséfone como cenário privilegiado. Falar da mulher e de um aspecto concreto da sua condição pressupõe, dentro da convenção cómica, uma expectativa que o poeta não ilude. Antes de mais, a personalidade cómica da mulher arrasta, como invariáveis, um conjunto de pechas, cujo elenco satisfaz os gostos mais populares e menos exigentes. Basta ouvir os queixumes de Mica, sobre os delatores e inimigos do seu grupo, para as recordar (vv. 389--394): 'Haverá algum insulto com que esse tipo nos não tenha brindado? E calúnias? Seja onde for, desde que haja uma meia dúzia de espectadores, actores e coros, lá começa ele a chamar-nos levianas, doidas por homens, bêbadas, traidoras, tagarelas, uns zeros, a desgraça completa dos maridos'.

Não menos importante, porém, do que esse conjunto protocolar de traços identificativos é a promessa de um *agôn* com o sexo oposto, que assegura o carácter polémico da acção. O inimigo, o homem, tem neste caso um campeão, o velho poeta Eurípides. A rivalidade ganha, em função da personalidade deste inimigo concreto, cambiantes e paladares diversos. Eurípides é o homem, o adversário natural, mas também o delator avisado junto dos seus pares das artimanhas femininas; foi através dele que os maridos se consciencializaram do perigo que as suas companheiras constituíam para os seus interesses e tomaram as necessárias precauções. Mas, além de homem, o inimigo é agora um poeta, pelo que a polémica ganha, através dele, as cores de uma paródia literária. Eurípides arca com a responsabilidade das delações habituais, mas, nas cenas sucessivas, elas ganham a forma de momentos célebres do seu teatro: a mulher bêbada, que usa a chantagem para salvar o seu muito amado odre de vinho, veste a pele de Télefo, o herói da Mísia; como as esposas e jovens apaixonadas ou românticas se modelam sob as máscaras das Helenas ou das Andrómedas euripidianas. A exploração concomitante do trajo e da linguagem ganha também contornos ajustados.

Mas nem só de um conflito em tons nítidos, preto no branco, se trata em *Tesmofórias*. Há também os tons cinzentos ou mesclados, os daqueles que, por força da necessidade ou mesmo da natureza, envergam o fato da ambiguidade. A matéria sexual ganha, por esta via, um campo alargado de efeitos. Antes de mais Ágaton, o poeta efeminado, vem opor a Eurípides, macho e velho, um padrão profundamente dissidente: jovem, delicado, pálido, frágil, quase, à força de retoques ligeiros, feminino, Ágaton é o procurador certo para estabelecer entre os dois sexos o necessário trampolim. Até porque, mesmo se a natureza não ajuda, no que respeita a uma confluência com Eurípides, a arte os aproxima; é neste companheiro de ofício que Eurípides também reconhece, no caso concreto, o mais capaz de dizer, em sua defesa, a palavra que se exige. A recusa que Ágaton contrapõe à solicitação que lhe é feita proporciona uma outra oposição, desta vez com o velho Parente de Eurípides, barrigudo e estúpido, que assumirá o papel que o elegante e sofisticado Ágaton se recusa a desempenhar. Por isso, a cena procede à difícil cosmética de converter numa espécie de Ágaton, com os recursos que este mesmo generosamente dispensa, o pobre Mnesíloco. Depois de vestido de túnica amarela e de retocado com todos os acessórios abundantes no toucador do jovem poeta, o Parente vai recriar múltiplas naturezas: de matrona no ambiente feminino das Tesmofórias, de oradora na polémica reunião contra Eurípides, e de heroína do mesmo Eurípides quando a tragédia aventurosa lhe bate à porta.

Por fim Clístenes[4], um dos efeminados mais famosos de Atenas e vítima predilecta dos comediógrafos, vai trazer a esta trama o toque que desencadeia a peripécia: quando o plano se monta, com o disfarce do Parente, e se põe em prática, com a entrada da falsa matrona no recinto do Tesmofórion, é a Clístenes que cabe transtornar e dificultar o processo que chegará, apesar de tudo, ao sucesso final; ele é a voz da delação, quem avisa as 'queridas amigas' da presença ameaçadora do inimigo e, por este meio, desencadeia o reconhecimento quase imediato do representante de Eurípides, infiltrado no universo feminino, e quem põe em perigo o herói perseguido pelo destino.

Se o risco se assume e se desencadeia com recurso a um disfarce de homem em mulher, o de Mnesíloco em mãe de família e em celebrante das Tesmofórias, também a salvação chegará pelo mesmo processo. Depois do fracasso das suas heroínas, as Helenas e as Andrómedas a que o velho Parente dá voz, terá de ser o próprio Eurípides, em carne e osso, a jogar a cartada decisiva. Vestido, enfim, de velha alcoviteira, o poeta virá desafiar o guarda cita, num duelo derradeiro entre a perspicácia feminina e o machismo autoritário. É uma dama cómica, a última criação da imaginação fértil do poeta como a retrata a peça, que Eurípides vem salvar, não como herói romântico, mas como uma velha interesseira que vende barato os encantos da sedução feminina. O que a arte não conseguira alcançar, consegue-o a artimanha, hábil e ajustada às expectativas rasteiras do bárbaro, investido no papel de um polícia civil[5].

É portanto, com a consciência de que, para além do aparato lúdico saliente no aproveitamento do tema feminista, a peça de 411 a. C. encerra

---

[4] Cf. *infra* nota 65.

[5] E. Hall, 'The archer scene in Aristophanes' *Thesmophoriazusae*', *Philologus* 133, 1989, 41-44, defende a ideia de que haja, nesta cena final, um último momento de paródia literária de Eurípides. Na velha que oculta o poeta e que, com uma artimanha, ilude um bárbaro, vê esta autora uma réplica dos Gregos manhosos que, nas peças aventurosas de Eurípides, se escapam rumo à salvação, depois de ludibriarem o monarca bárbaro que os mantinha cativos; deste padrão são modelo *Helena, Ifigénia entre os Tauros* e *Andrómeda*. Pelas próprias remissões para peças recentes amplamente parodiadas dentro de outras perspectivas, em *Tesmofórias*, a hipótese de E. Hall não deixa de ser sugestiva.

um conteúdo mais profundo, revelador de um período de maturidade na carreira do homem de letras que era Aristófanes, que vamos partir à consideração de *As Mulheres que celebram as Tesmofórias*.

Realização da paródia e crítica literárias em
As Mulheres que celebram as Tesmofórias

É, antes de mais, de Eurípides e da sua tragédia que se trata em *As Mulheres que celebram as Tesmofórias*. E, da arte do trágico, dois aspectos sobressaem na presente caricatura: o gosto obsessivo de Eurípides pela criação de personagens femininas, motivo desencadeador de violenta polémica entre o poeta e as mulheres, e a produção de intrigas complexas, guiadas por percalços imprevisíveis da sorte, que vieram substituir-se ao carácter mais estático da tragédia antiga.

Numa época marcada pela crítica e reflexão, e, ao mesmo tempo, pela derrocada constante dos ideais másculos do passado, em que o sofrimento causado pela guerra despertou a atenção para essa esquecida vítima do *status quo*, a mulher, não surpreende que a psicologia feminina tenha ganho um relevo até então desconhecido. Dentro da produção trágica é em Eurípides que vemos assimilado o interesse pela problemática feminista. A mulher revela-se, no seu teatro, em toda a riqueza de cambiantes de uma personalidade complexa, susceptível de encarnar os mais variados sentimentos. Da reacção do público perante esta novidade euripidiana nos dão conta as próprias *Mulheres que celebram as Tesmofórias*. Segundo a perspectiva da comédia, Eurípides é o poeta que traz a mulher à cena para dizer mal dela (vv. 390 sq.). O seu interesse em arrancar a ateniense do canto recatado da sua casa, para lhe desvendar os escaninhos mais profundos da alma, só pode justificar--se por um objectivo: maledicência. Naturalmente que a caricatura insiste no vício, na malformação da personalidade feminina, que se encarna nas figuras simbólicas de Fedra e Melanipa (vv. 546-548), mulheres adúlteras e perjuras. Ainda que objectivamente parcial – porque omissa quanto às virtudes das Alcestes, Ifigénias ou Andrómedas –, esta caricatura concilia a modernidade de um tema euripidiano com a tradição da sátira feminina, tão velha quanto Hesíodo.

Paralelamente à exploração da sentimentalidade, Eurípides enveredou por um outro processo de dinamização da acção, em que a dimensão humana é, em certa medida, diminuída em favor da valorização do poder do destino. Surgem, no teatro grego, as primeiras peças de intriga, que tanto sucesso viriam a encontrar, mais tarde, entre os poetas da Comédia Nova. *Helena* e *Andrómeda*, as tragédias com que Eurípides brindara o público no ano anterior, ofereciam-se à caricatura cómica como mananciais significativos do romanesco que se instalara na tragédia desta fase. Mas, mais do que na recriação directa de cenas daquelas duas peças euripidianas, a paródia ao novo conceito de tragédia está patente na própria contextura de *As Mulheres que celebram as Tesmofórias*. Aí vamos encontrar o herói em perigo (vv. 76 sq.), ironicamente Eurípides em pessoa, que busca a salvação com o auxílio de um velho parente, tonto e ridículo. O par em perigo na comédia é formado por dois velhos, Eurípides barbudo e cabeludo, coadjuvado por Mnesíloco, no papel da heroína durante a maior parte da peça. É este par grotesco o protagonista de toda uma série de aventuras, marcadas pela exaltação sentimental, a quem compete recriar momentos de patético trágico. O cenário da acção, ainda que não o ambiente inóspito de um país distante e estranho, mas o Tesmofórion, nos limites da cidade de Atenas, é, apesar disso, território vedado aos homens pelas regras do culto, onde a sua presença será fatalmente hostilizada por ímpia. Estão definidas as condições que permitem recriar, em traço carregado, as tramas arrojadas de várias tragédias.

Antes de mais, Mnesíloco, que penetra em domínio hostil para defender o inimigo, assume-se como um novo Télefo, também ele disfarçado em farrapos de mendigo, para advogar, entre os Aqueus, a sua própria causa.

Aristóteles (*Poética* 1453a 17-22) inclui o mito de Télefo entre um pequeno número dos que considerou como temas predilectos dos poetas trágicos[6]. A sua descendência helénica, as circunstâncias que o levaram a ocupar o trono da Mísia e o converteram em inimigo dos Aqueus a caminho de Tróia; o conflito com esses invasores da Mísia, causa do terrível sofrimento infligido por Aquiles, que só a espada do rei da Ftia teria poder para curar; por fim, os errores de Télefo a caminho de Argos, para solicitar dos Aqueus o remédio para os seus males: eis os dados essenciais que o velho mito associava à figura do herói. E se a tradição do destino de Télefo havia sido já um motivo explorado na poesia épica, foi sobretudo a atenção que lhe foi concedida pelos três trágicos a razão da sua enorme popularidade.

---

[6] Ésquilo dedicou-lhe as tragédias *Mísios* e *Télefo*; Sófocles, a tetralogia que se compunha de *Aléades*, *Mísios*, *Assembleia dos Aqueus* e *Télefo*; finalmente Eurípides, *Auge* e *Télefo*. Nomes menores como o de Ágaton, Iofonte e Mósquion, contavam-se entre os que, em Atenas, abordaram o tema.

Mas do conjunto de episódios que constituíam o mito, nenhum foi alvo de tão grande interesse como aquele que se ocupava do ferimento causado por Aquiles e da vinda de Télefo a Argos, ao acampamento aqueu, em busca da cura. Embora os testemunhos conservados a respeito das produções dedicadas ao tema de Télefo sejam escassos, não é especulativo afirmar que, apresentado em 438 a. C., o *Télefo* de Eurípides revestia aspectos originais, que definitivamente cunharam o velho tema. Esta sem dúvida a razão pela qual Aristófanes, jovem espectador do festival de 438, se deixou seduzir pela novidade daquele drama e o converteu em constante motivo de citações e paródias, ora ocasionais[7], ora mais extensas, como é o caso de *Acarnenses* (vv. 280-571) e *As Mulheres que celebram as Tesmofórias* (vv. 466-738).

Na generalidade, é esta a sequência que a caricatura capta do original: apresentação de uma personalidade disfarçada, que se introduz num ambiente adverso para defender um ausente, para quem pretende conciliar as boas graças dos que a rodeiam. Com esse objectivo pronuncia um discurso, que é acolhido com animosidade pelos ouvintes. Quando, por fim, se vê perseguido, o orador procura proteger-se com a ajuda de um refém.

Tanto quanto é possível inferir dos fragmentos conservados, o disfarce havia sido um motivo novo no tratamento euripidiano do tema[8], que viera substituir, à dignidade da condição real do herói, o poder inventivo e a actuação capciosa de um outro Télefo. Aristófanes não descura este pormenor, que insere na caricatura de *As Mulheres que celebram as Tesmofórias*: é com o auxílio de um poeta trágico que Mnesíloco, à vista do público, irá ocultar a sua identidade sob os traços de uma respeitável matrona. Concretizado o disfarce, o velho Parente está pronto para pronunciar o tão temido discurso.

Para além da originalidade da situação em que Télefo pronuncia a sua *rhesis* – a pleitear, sob andrajos de mendigo, a sua própria causa –, as palavras por ele proferidas eram susceptíveis de produzir profunda repercussão na sensibilidade helénica. O que Télefo pretendia era justificar a validade das razões que o levaram, ele, o rei de uma terra bárbara, a opor um obstáculo à famosa expedição dos Aqueus aos reinos de Príamo. Do seu discurso saiu justificada a legitimidade de um bárbaro

---

[7] *Acarnenses* 8, *Cavaleiros* 813, 1240, *Nuvens* 891, *Lisístrata* 706, *Paz* 528, *Rãs* 1400, *Pluto* 601. De resto, são os textos de Aristófanes a nossa fonte principal para os fragmentos conservados desta peça euripidiana.

[8] Cf. *schol. Nu.* 919.

defender a integridade da sua terra, mesmo que o invasor fosse, como no caso em questão, o povo heleno. Nesta defesa entusiástica da igualdade entre Gregos e Bárbaros reside sobretudo a surpresa que o discurso não deixaria de exercer sobre os Gregos, ainda pouco afeitos às novas ideologias contemporâneas.

Mas, para além do carácter polémico do discurso de Télefo, o crítico aproveita para dar relevo a um aspecto formal na criação euripidiana. Télefo e o seu discurso são mais um exemplo da formação sofística e retórica de Eurípides, do seu gosto sempre entusiasta por confrontos verbais e discussões polémicas. E Aristófanes cria, em *As Mulheres que celebram as Tesmofórias*, uma réplica da assembleia dos Aqueus em *Télefo*, preenchida por longos discursos, em que Mnesíloco e as mulheres se debatem num tema particularmente delicado: Eurípides, o antifeminista.

A *rhesis* de Mnesíloco evidencia um inegável paralelismo com a de Diceópolis, em *Acarnenses* (vv. 496 sqq.), ambas inspiradas no famoso discurso do Télefo de Eurípides. Ambos se empenham, desde as primeiras palavras que proferem, numa *captatio beneuolentiae*, ao justificarem a audácia da argumentação que vão desenvolver e ao reconhecerem a validade dos motivos responsáveis pela cólera dos ouvintes (v. 466). Para que uma maior aproximação com o auditório se estabeleça, ambos afirmam a sua participação empenhada nessa inimizade (vv. 469 sq.; cf. fr. 705 N[2]). Porém, o momento é propício a uma reflexão, agora que não há estranhos presentes, o círculo é restrito a amigos (v. 472). Bem em consciência, será ao inimigo atribuível toda a culpa dos agravos que os separam (v. 473)? E o orador parte para uma análise das responsabilidades e culpas mútuas. Será que a Eurípides, no conflito mortal que o separa do clã feminino, cabe efectivamente toda a culpa? De modo nenhum. Basta recordar uma longa série de episódios do quotidiano, de que a reputação da mulher sai profundamente denegrida, para ver quanto o poeta foi moderado, parco até, nas suas invectivas. Como esse outro Télefo, também Eurípides fez apenas o que as circunstâncias lhe impunham e não pode, em justiça, ser penalizado. E, como Télefo, também Mnesíloco amontoa argumentos, avulta as culpas próprias, reduz as alheias, faz apelos à compreensão e à justiça, apresentando-se como um modelo hábil do orador moderno, consciente das potencialidades da arte que domina.

Como decerto aconteceria na sequência trágica, no momento em que a situação atinge o ponto climático, uma nova personagem vem contribuir decisivamente para a revelação da identidade do orador. É Clístenes, que vem denunciar a presença de um espião na assembleia das Tesmofórias (vv. 584-591). O procurador de Eurípides é desmascarado e a sua vida posta em perigo. Resta-lhe uma tentativa desesperada: arrebatar um refém e procurar o refúgio do altar.

Esta famosa cena do rapto, que fazia já parte do mito de Télefo[9], parece ter ganho em Eurípides uma dinâmica nova, com o acréscimo do factor risco a que se expunha o indefeso Orestes. Na cena euripidiana, Télefo não se limitava a tomar a criança nos braços como um elemento de reforço a uma súplica pacífica, como talvez fosse o caso em Ésquilo; antes a usava, ao ameaçá-la de morte, como um argumento poderoso para o sucesso do seu pedido. A cena ganha em patético, que resulta do perigo concreto a que se expõe uma vítima indefesa, entregue ao espírito perturbado de um perseguido.

O episódio do refém de *Télefo* de Eurípides é retomado em *As Mulheres que celebram as Tesmofórias* (vv. 689-764) com uma comicidade vibrante e um movimento cénico notável. Mnesíloco, em risco de vida, arrebata, dos braços de uma das mulheres, o seu bebé e refugia-se com ele no altar. A mãe solta doloridos lamentos, à maneira trágica (vv. 690 sq.). Indiferente àquela dor maternal, o Parente ameaça a criança com palavras, por certo retomadas de *Télefo* (vv. 694 sq.). O coro alia-se à pobre mãe, os lamentos misturam-se de invectivas. Aos pés de Mnesíloco eleva-se a pira funerária, castigo supremo para a sua audácia. Por fim, o desespero determina-o: o refém pagará com a vida (vv. 731 sq.). Despe o prisioneiro; mas – surpresa das surpresas! – em vez do esperado bebé, é um odre disfarçado que tem nas mãos. Por ele, a 'desditosa mãe' nutre um carinho verdadeiramente maternal – a comédia empenha-se em salientá-lo. Inacessível à súplica, Mnesíloco executa a criança. O altar tinge-se de rubro... do vinho novo que se derrama. De maneira feliz, Aristófanes combina com a caricatura do motivo euripidiano a tradição antifeminista. A opção, feita pelo comediógrafo, desta sequência de cenas tem por objectivo pôr em evidência algumas das facetas características do teatro de Eurípides. A primeira impressão que dela colhemos é a de uma grande variedade de situações, de um fluir rápido de episódios, que têm a sua contrapartida num movimento cénico intenso. O herói depara-se com sucessivas dificuldades que lhe permitem pôr à prova os seus muitos talentos. A multiplicidade de aventuras que vive é o processo de desvendar, traço a traço, a riqueza psicológica da personagem, que se desvincula da condição real que o mito lhe atribuía, para encarnar um ser humano comum, que, sob os andrajos de um

---

[9] O *schol. Ach.* 332 menciona-a como utilizada também por Ésquilo, na sua tragédia *Télefo.*

mendigo, empreende a difícil luta pela sobrevivência. No *Télefo* se revela já o Eurípides obreiro de inúmeras *mechanai*, o poeta das peças de intriga, que trouxe a tragédia ao nível do quotidiano.

Este espírito novo, que preside à criação de *Télefo*, faz desta tragédia a expressão de um passo em frente na evolução do género. Um patético intenso de figuras e situações, um apelo mais directo aos sentidos e emotividade do público, uma pintura de caracteres mais real, golpes de teatro de grande efeito, conferem-lhe uma vitalidade que largamente a compensa de uma certa restrição à austeridade do passado. Mas, em contrapartida, foram estes mesmos elementos, que muito surpreenderam o público e os críticos, os fundamentos do prestígio de uma peça que deixou o seu rasto através da Antiguidade.

Com o desfecho infeliz deste episódio, a situação de Mnesíloco não melhora, antes se abre o caminho a novas paródias de Eurípides.

Na necessidade de enviar ao poeta um apelo de socorro, Mnesíloco identifica-se com Éax, o irmão de Palamedes, que utilizara as pás dos remos para enviar ao pai, em Náuplia, a notícia funesta da injustiça infligida àquele herói pelos Gregos, durante a sua estadia em Áulis. Do ajustamento das duas cenas nos dá conta o Parente: com a substituição dos remos por tabuínhas votivas, que lançará aos quatro ventos já que não tem o mar à sua disposição, o nosso herói está apto a parodiar a monódia que Éax entoava na tragédia *Palamedes*. No seu canto predomina já um estilo emotivo, todo ele feito de apelos, lamentos, repetições e jogos de palavras. No entanto, este canto não revela ainda a exuberância que é apanágio da esticomitia de *Helena* ou da monódia de *Andrómeda*. O sentimento que o dita, apesar do empenhamento da personagem pelo destino fraterno, está longe da exaltação a que é sujeita a sensibilidade feminina, pressionada pela iminência do perigo. Não surpreende que o público, familiarizado com os arroubos habituais em Eurípides, tenha ficado frio (v. 848) perante a peça de 415. Em *As Mulheres que celebram as Tesmofórias*, a paródia a este momento baixo na produção de Eurípides funciona apenas como um termo de confronto com as paródias seguintes, com o propósito de evidenciar a sua riqueza emotiva.

Comprovada a ineficácia do *Palamedes*, Mnesíloco volta-se para a produção mais recente de Eurípides, para buscar nela um meio eficaz de atrair o comparsa e tirar-se de apuros. *Helena* e *Andrómeda*, duas tragédias apresentadas no ano anterior[10], oferecem-se, pela profusão de novidades que proporcionam, à paródia de Aristófanes.

---

[10] Cf. *infra* nota 146.

A situação de Mnesíloco, protegido pelo altar do Tesmofórion, é grotescamente sugestiva da abertura de *Helena* de Eurípides. Solitária, perseguida, a heroína surgia aos olhos do público sentada sobre o túmulo de Proteu, de quem implorava protecção[11]. A sensibilidade do público era estimulada por este espectáculo, no sentido de um progressivo adensar de patético, que, explorado através de uma sucessão de episódios marcados pelo *suspense*, desfechava num retardado *happy end*.

A paródia de *Helena* inicia-se com a recitação, feita por Mnesíloco em trajos femininos, das palavras da heroína no prólogo da tragédia. Por esta forma, o comediógrafo põe em destaque o monólogo expositivo, que constitui uma abertura quase permanente nas tragédias de Eurípides, com as suas componentes tradicionais: localização da acção (vv. 855--857), proveniência e ascendência da personagem (vv. 859 sq.), e, por fim, a sua identidade (v. 862). Sucedem-se os antecedentes próximos da acção (vv. 864 sq.), a focalização breve do presente (v. 866) e o lamento pela suposta morte do herói (vv. 866 sq.). Este lamento constitui, juntamente com a interrogativa dolorosa que se lhe segue, a nota emotiva a quebrar o teor meramente informativo desta abertura.

De um modo geral, o carácter descritivo e sóbrio do prólogo contrasta com a contextura fortemente emotiva da esticomitia parodiada a seguir, o que demarca com nitidez duas facetas do estilo euripidiano.

Para frisar a semelhança da situação das duas heroínas, Helena e Mnesíloco, Aristófanes recorre à mulher de guarda ao prisioneiro, que permeia o patético da cena de constantes incompreensões e informações sobre a realidade dos factos. Na cena que os novos 'Menelau e Helena' recriam, essa mulher figurará como uma outra Teónoe, não já a colaboradora indispensável na realização do plano de fuga, mas a denunciadora inabalável que a situação em Aristófanes exigia.

O brilho, ainda ténue, da esperança penetra no negrume do desespero, e o coração da heroína sobressalta-se, tomado de um presságio de bom agoiro. Enquanto a alma se lhe concentra numa prece, os olhos repousam num estranho que se aproxima, envolto nos andrajos de um náufrago (vv. 934 sq.), para implorar a dádiva da hospitalidade (vv. 871--873). As palavras que este Eurípides cómico pronuncia, no diálogo seguinte, combinam citações com versos de Aristófanes, de uma forma que põe em evidência o estilo retórico e algo barroco do trágico, engalanado com uma adjectivação preciosa. O encontro da heroína

---

[11] Esta abertura, que caracteriza a situação de um perseguido em busca de protecção, repete-se em *Andrómaca* (vv. 42-44), *Hércules Furioso* (vv. 44-54). Cf. P. Arnott, *Greek Scenic Conventions*, 45 sqq., 57 sqq.

abandonada com o herói mendigo prepara uma cena de reconhecimento, que, com todas as potencialidades psicológicas que a caracterizam, se tornou um lugar-comum no teatro de Eurípides. Um progressivo interrogatório, em círculos cada vez mais estreitos em torno de uma das figuras, prepara a identificação e aproximação dos dois intervenientes. Insiste-se na estranheza do lugar em que se encontram (vv. 877-879), destaca-se a presença do túmulo do rei local (v. 886), onde o sofrimento da heroína se enquadra naturalmente. E agora é já não o mundo envolvente que sugestiona o recém-chegado, mas a sua interlocutora, essa mulher de rosto velado, entregue à protecção de um morto. O porquê está na pureza da heroína, essa Helena fatal revestida de uma personalidade nova, cujas facetas cómicas Aristófanes não perde o ensejo de explorar. Agora que o reconhecimento está iminente, o diálogo esticomítico instala-se entre as personagens, para marcar o ritmo da cena. A tradicional cadência verso a verso enriquece-se, na tragédia euripidiana, de recursos de grande efeito – pausas, silêncios, expressões melodramáticas, sentenças –, que fazem dela um processo estilístico poderoso na revelação do sentimento. É da valorização excessiva desses componentes que Aristófanes nos dá conta na sua paródia de um passo esticomítico de *Helena*. Consumado o reconhecimento, a exaltação expande-se em manifestações físicas, de que o abraço, acompanhado de uma profusão de repetições, é um processo caro a Eurípides[12]. A paródia aprofunda-se agora, susceptível de recriar os grandes temas e efeitos cénicos do original, mas sensível também aos aspectos formais, que, como elementos de série, são suporte constante dos momentos patéticos da tragédia euripidiana.

Tanta felicidade é frustrada pela resistência da mulher de guarda ao prisioneiro; vencido, o falso Menelau retira-se, para que novas invenções sejam ensaiadas.

É a ocasião de recriar as primeiras cenas de *Andrómeda*, uma das mais belas tragédias de Eurípides, a julgar pelo testemunho da própria Antiguidade (cf. *schol. Ra.* 53). Uma donzela exposta, nas alturas de um rochedo, à voracidade de um monstro, que há-de surgir da fúria da procela; o terror que lhe dita doloridos lamentos; a vinda de um libertador, que se comove perante tanta beleza e infortúnio; e finalmente a ternura que brilha após o desespero; eram estes os ingredientes de uma história que trouxe ao trágico um vibrante sucesso.

---

[12] Cf., *e. g.*, *Hércules Furioso* 1376 sq., 1408 sq., *Íon* 1440-1453, *Ifigénia entre os Tauros* 795 sqq., 831-844, 902-906, *Orestes* 262 sqq., 1042-1050.

A abertura da peça exibia, perante o público, a donzela solitária, exposta ao perigo, envolta no negrume da noite, como protagonista de um quadro de mistério e de horror. Aristófanes aproveita o velho Mnesíloco, vestido de mulher e preso à canga, para ressuscitar, em traços grotescos, a famosa cena.

De acordo com o empolamento emotivo deste prólogo, Eurípides optou por uma monódia para a abertura da peça, como o elemento formal mais capaz de exprimir a tortura interior de Andrómeda. Ainda neste particular, a paródia acompanha de perto o original: Aristófanes cria também um lamento monódico para pôr na boca do velho Mnesíloco (vv. 1015 sqq.).

Semelhantes, do ponto de vista estilístico, às canções do coro, as monódias converteram-se em veículos de emoção, que, em momentos de tensão dramática, extravasam o caudal do sentimento, que domina para além da razão.

Como na tragédia, também Aristófanes confia a sua monódia a uma personagem feminina – falsamente feminina, no caso de Mnesíloco –, dotada de uma sensibilidade mais atreita às grandes vibrações sentimentais. Da boca das heroínas euripidianas, pelo menos numa dada fase, jorram cantos, ditados por uma imaginação vibrante, em que se sente um desajuste evidente entre as emoções descritas e o estilo demasiado florido que lhes dá expressão. No requinte poético dessas criações, Eurípides prescinde da justa medida e, no dizer sugestivo de S. Barlow[13], 'o seu estilo ornamentado mais parece uma concha lustrosa vazia por dentro'.

Na caricatura que Aristófanes arquitecta desses momentos extremos da criação monódica de Eurípides, o constante flutuar dos níveis da linguagem – a dignidade da linguagem trágica, lado a lado com o mais rasteiro coloquialismo – constitui o principal factor de cómico. A própria situação dramática o favorece. Mnesíloco, no papel de improvisada donzela, intercala os lamentos trágicos de vítima inocente com alusões à sua verdadeira situação de velho prisioneiro, sujeito à canga sob a vigilância de um Cita, e dominado pelo desejo impossível de se escapar para casa.

Mas, para além deste processo mais saliente na realização paródica, há outros aspectos mais subtis que se apresentam como uma caricatura da estilística euripidiana. Assim, por exemplo, a insistência num determinado vocabulário revelou-se, na monódia de Eurípides, como o veículo natural para exprimir os pensamentos obsessivos da

---

[13] *The imagery of Euripides*, London, 1971, 55.

personagem[14]. A paródia dá a réplica a este motivo. Mnesíloco prisioneiro é dominado, na exaltação do perigo, por duas ideias exclusivas e conflituosas – prisão e fuga – que, a cada passo, se impõem na expansão da sua dor. Como uma heroína trágica, o Parente apela à compreensão humana e divina, multiplica as interjeições e os lamentos, busca a catarse no mundo perdido da felicidade passada, para logo retomar a consciência dolorosa do irremediável.

A paródia da tragédia *Andrómeda* prossegue com a exploração cómica da intervenção de Eco, única testemunha, oculta no seu antro, do sofrimento da donzela. Invisível, à distância, Eco repetia-lhe os gemidos, contribuindo para criar uma atmosfera de profundo patético (cf. *Tesmofórias* 1060 sq.), na abertura da peça trágica.

Coadjuvada por uma outra Eco, a falsa Andrómeda recomeça o seu canto, com uma monódia que o escoliasta identifica com o início do prólogo da tragédia (= fr. 114 N²). Logo, porém, Aristófanes abandona este tema já suficientemente explorado, para se voltar agora para a caricatura fácil da cena de Eco, que lhe oferece um grotesco imediato, apenas reforçadas as tonalidades. A Ninfa converte-se numa velha tagarela e intrometida, que rapidamente impacienta Mnesíloco com a insistência das suas repetições. A consequência natural é que a falsa Andrómeda esqueça por um momento o papel que lhe cabe, para extravasar, no mais vulgar coloquialismo, a ira que a domina. A cena alonga-se com a intromissão do Cita, que vem substituir a prisioneira: as perguntas surpreendidas e as ameaças que formula são invariavelmente repetidas por Eco, mesmo quando em fuga, numa causa já perdida.

Chega, enfim, o salvador, Eurípides, na pele de um cómico Perseu. Ele é o herói jovem e desconhecido, que aporta a país remoto, descido das alturas do firmamento, em resposta ao grito desesperado de uma vítima indefesa. Os seus olhos pousam no espectáculo de infortúnio e beleza que se lhes oferece, e o coração exulta-lhe de piedade, cavalheirismo e… amor, chama poderosa que se atiça no momento. Todo este impulso esbarra, todavia, na incompreensão e resistência do bárbaro, os protestos amorosos não resistem aos comentários grosseiros do guarda. Vencido, o herói reconhece-se impotente para salvar a sua dama e vê-se forçado a abandoná-la ao peso dos grilhões. No seu conjunto, a cena cómica resulta na inversão completa do original trágico, com o

---

[14] Evadne, por exemplo, na monódia que entoa em *Suplicantes* 990-1030, insiste no vocabulário relacionado com a ideia de luz, cuja presença para ela significa vida e felicidade, ou mesmo, se concretizada nas chamas de uma pira, o adeus à vida e a porta aberta para o mundo das trevas.

consequente efeito de ridicularizar os seus aspectos mais salientes. Da paródia ressalta, enfim, esse Eurípides que se vinha revelando, nas produções mais recentes, um mestre hábil na arte de criar sentimentalismo e melodramático.

No entanto, um *happy end* era obrigatório na comédia, e será ainda Eurípides a assegurá-lo. Se os estratagemas anteriores se mostraram ineficazes perante a desconfiança e estupidez do Cita, ainda assim o talento do velho poeta não o abandona na hora da provação. Das mesmas tragédias romanescas de que *Helena* e *Andrómeda* são, nesta paródia, os modelos privilegiados, Eurípides retira a estratégia com que os exilados gregos, em risco de vida em universos distantes, iludem, sempre com sucesso, os bárbaros seus algozes[15]. Pragmático, Eurípides forja uma derradeira *mechane*, adaptada ao adversário concreto: onde tanta subtileza poética falhara, uma bailarina jovem, dotada das graças de Afrodite, obtém pleno êxito.

Feito um 'pacto de não agressão' futura com as mulheres, Eurípides encontra, no entusiasmo baboso do guarda pela sua 'bela protegida', o ensejo para, enfim, arrancar Mnesíloco das mãos do inimigo. Cumpre-se a regra cómica do desfecho feliz e acrescenta-se à figura do Eurípides *mechanopoiós* um último traço.

E talvez seja este o momento propício para retomar a questão para a qual os estudiosos de Aristófanes não encontraram ainda uma resposta definitiva: qual seria, na realidade, a posição do comediógrafo em relação ao trágico? De animosidade e censura, ou de apreço e simpatia? Pessoalmente julgo que, acima de tudo, a reflexão madura e o profundo conhecimento das tragédias de Eurípides que Aristófanes revela, são testemunho de sedução e encantamento, embora não de adesão integral. Apesar de se colocar na atitude conservadora que é própria da comédia, o poeta de *As Mulheres que celebram as Tesmofórias* assimilou de tal modo a arte de Eurípides, participou tão claramente no mundo cultural em que ambos os poetas se inseriam, que mereceu de um outro comediógrafo, Cratino, o epíteto de euripidaristofanizante. É, pois, sem reservas, que me coloco ao lado daqueles (Murray, Stevens, Wycherley) para quem a atenção constante de Aristófanes, voltada para Eurípides e suas novidades, é o espelho da consideração de um crítico sagaz por um poeta talentoso, em voga num dado momento.

---

[15] Cf. *supra* nota 5.

Não é, no entanto, apenas Eurípides o motivo da crítica literária desenvolvida em *As Mulheres que celebram as Tesmofórias*. Um outro poeta, Ágaton, cuja carreira se iniciara poucos anos atrás (417-416 a. C.), sob os melhores auspícios[16], para evoluir numa trajectória rápida e segura a caminho da glória, proporcionava ao nosso poeta bons motivos de comicidade. Bem conhecido e bem relacionado na sociedade ateniense, homem de gostos requintados e luxuosos, integrado nas mais modernas correntes de pensamento e cultura, inovador entusiástico do género a que se dedicou, Ágaton reunia as melhores condições para se consagrar, a breve prazo, como o quarto nome na produção trágica ateniense. A Ágaton é concedido, em *As Mulheres que celebram as Tesmofórias*, um lugar de relevo, ao longo de uma cena feita de ataques violentos à vida privada do poeta e de paródias ao seu estilo trágico e lírico[17].

Se tomarmos, como ponto de partida, a teoria que o próprio Ágaton emite em *As Mulheres que celebram as Tesmofórias* (vv. 149 sq.), de que um poeta deve conformar os seus hábitos à obra que produz, as duas facetas exploradas por Aristófanes – vida privada e produção literária – congregam-se naturalmente.

A crítica faz-se eco das muitas vozes que se ergueram em uníssono para louvarem os atractivos físicos de Ágaton[18], que, na sua pureza e fragilidade, fizeram dele um elemento distinto dos efebos *kaloí* que Platão imortalizou nos seus diálogos. A caminho da casa do poeta, Eurípides e Mnesíloco dialogam sobre o famoso Ágaton, apesar disso um desconhecido para o Parente. Num esforço de memória (vv. 31-33), Mnesíloco evoca vagamente 'um tipo moreno, fortalhaço, barbudo', em oposição ao verdadeiro poeta, delicado nos seus traços finos, alvura da pele que a barba não ensombreia, de uma fragilidade quase feminina. No contraste entre a personagem real e a imagem que dela cria alguém que a não conhece, encontra a comédia um meio eficaz de provocar o riso. Mas eis que a aparição do próprio poeta retira todas as dúvidas. Mnesíloco esfrega os olhos, para apagar a miragem. Ágaton... ou Cirene, a famosa cortesã das mil e uma artes amorosas?! O trajo que Ágaton enverga é um primor de requinte oriental, exuberante de colorido, inexcedível de elegância, rico em acessórios femininos. As potencialidades cómicas do guarda-roupa do trágico são de imediato

---

[16] A vitória alcançada por Ágaton neste primeiro concurso a que se habilitou é o motivo do banquete que Platão escolhe como cenário para o seu *Simpósio* (cf. 173a).

[17] Cf. outras referências ao trágico na comédia de Aristófanes: *Rãs* 83-85, fr. 341 K.-A., *shol.* Lucianum 222 Iacob.

[18] Cf. Platão, *Protágoras* 315d, *Simpósio* 174a, 212e, 213c.

exploradas num questionário copioso, revelador da surpresa de Mnesíloco e, mais tarde, numa cena em que o Parente recorre a Ágaton para se disfarçar de mulher, de modo a representar, oculto, o seu protegido na assembleia das Tesmofórias. Em todo este retrato paródico, a comédia mais não faz que engrossar o traçado de um perfil bem conhecido nos círculos sociais e culturais do tempo, pela elegância e esbelteza pouco máscula da sua apresentação.

Também a cena onde esta personagem se movimenta, a que o texto dá foros de templo ou palácio (cf. vv. 41, 58), é o reduto ideal, que convém à solenidade de um grande senhor. Um criado, imbuído já da finura rebuscada do estilo do patrão, precede o aparecimento de Ágaton sobre o *ekkúklema*, numa atitude passiva, rodeado dos acessórios do guarda-roupa, como alguém que transpôs para o quotidiano o brilho dos trajos de cena.

Este homem, tão dotado pela natureza e pela fortuna, encontrou na tragédia um caminho aberto para a glória. A sua poesia tornou-se a herdeira de modelos – Íbico, Anacreonte e Alceu –, conhecidos pela forma como condimentaram a poesia com o requebro e graça iónicos (vv. 160-163). O próprio Eurípides, com o seu espírito inovador e inconformista, parece extasiado perante esse jovem cultor das Musas, o único que julga capaz de advogar a sua causa (v. 187). Também Aristófanes, na caricatura que faz da arte polida e trabalhada, da música sinuosa de ambos os poetas, parece convencido de reais afinidades a aproximá-los. Os dois se movimentam na mesma atmosfera cultural, a que o saber sofístico imprimiu uma marca nova e revolucionária. Os passos que Eurípides dera na reestruturação da arte prosseguem agora pela mão de Ágaton com maior vigor. Por trás da violência da crítica, a comédia pronuncia, enfim, o elogio do poeta, ao associá-lo às novidades de Eurípides, o mesmo é dizer, ao familiarizá-lo com os poetas dignos de ocuparem o trono da tragédia.

Como novidade na exploração do tema da crítica literária, pela primeira vez é emitida, pela boca de Ágaton, uma teoria sobre a criação estética: entre o artista e a obra é forçoso que exista conformidade. O poeta é livre de escolher as suas criações conforme as tendências naturais que o distinguem. Mas a esse impulso íntimo e congénito da *physis*, pode acrescentar-se a intervenção da *mimesis*, como um esforço deliberado para suprir a insuficiência da natureza. *Mimesis* é aqui entendida como a representação sugestiva de um estado físico ou psicológico, que se pretende recriar. A arte já não é apenas espontaneidade, mas a *téchne* indispensável converte-a num acto racional e calculado. A Ágaton, de acordo com o retrato cómico do homem, sobejam dotes como cultor de *gynaikeia drámata*; será para a criação dos *andreia* que o poeta se verá forçado a recorrer à imitação. Na concepção de Aristófanes, mimese não é, como na definição aristotélica (*Poética* 1448b 5-9), uma componente congénita da natureza humana, mas antes um subsídio onde a *physis* se revela insuficiente. E essa posição teórica encontra em Ágaton, autor de um trabalho insano de técnica e aperfeiçoamento (cf. vv. 52-57), o interlocutor apropriado[19].

Mas não apenas o retrato pessoal e social do homem, também a imagem objectiva da sua arte interessa Aristófanes; a paródia prossegue com a caricatura da sua obra e estilo. O primeiro contacto com o mundo poético de Ágaton estabelece-se por via indirecta, através de um escravo que, fora de casa, pretende silenciar a natureza, paralisar os seres vivos, criar o ambiente quase sacro onde o artista fará ouvir a sua voz inspirada. Estas palavras do servo são já um modelo do estilo rebuscado, forte em aliterações e homeoteleutos, que produzem o efeito de um cicio, criterioso no vocabulário épico e lírico a que faz apelo. E enfim, quando a surpresa dos seus ouvintes atinge o ponto máximo, o semideus, καλλιεπὴς ’Aγάθων, faz uma imponente aparição. Refeito da surpresa, Mnesíloco adopta um simulacro do mesmo tom poético, a que não faltam, por gostosa ironia, as habituais grosserias cómicas; ele é o crítico directo do escravo, na forma distorcida como põe em relevo a linguagem selecta por ele usada.

Chamado à realidade, o servo dialoga agora com os intrusos, fiel ao estilo poético que é o seu, e justifica a vinda próxima do patrão: a um poeta que articula versos e os molda em cera, o trabalho torna-se impossível com os rigores do inverno; é-lhe então necessário o calor fecundo do sol, que lhe facilite a utilização dos materiais.

A porta que se abre dá, enfim, passagem a Ágaton, que surge em plena produção. E antes mesmo que possa pronunciar as primeiras palavras, a introdução musical, na sua sinuosa complexidade, desperta em Mnesíloco estranhas sensações (v. 100). Pseudo-Plutarco (*Moralia* 645e, 1137e-f) informa a propósito que foi Ágaton o introdutor, na tragédia, do género cromático, que adquirira, na poesia ditirâmbica, um vigoroso sucesso. Através de uma fragmentação cada vez maior dos tons da escala harmónica, o novo género musical apresentava-se carregado de cambiantes emotivos, próprio para a expressão da potência sentimental. Provados os dotes de Aristófanes como crítico literário, não será especulativo pensar – mau grado a escassez de testemunhos

---

[19] Cf. P. Lévêque, *Agathon*, Annales de l'Université de Lyon, Paris, 1955.

conservados da produção de Ágaton – que o poeta cómico logrou reproduzir com finura as possibilidades do cromático, como as explorava o tragediógrafo.

Terminado o canto, Mnesíloco acrescenta à impressão inicial, despertada pela irregularidade da melodia, uma sensação de languidez erótica, que traduz em palavras fortes e ricas de sentido (vv. 130-133). O seu comentário é tanto mais estranho quanto todo este exibicionismo melódico é o suporte de uma composição destinada a louvar os deuses, facto que parece acarretar uma noção de irreverência e impropriedade no ajuste da melodia às palavras. Igual paradoxo resulta do facto de, à estrutura elaborada da música, corresponder uma tonalidade poética insossa e recheada de lugares-comuns. Este desequilíbrio é, no fundo, a prática da nova escola, que tende a valorizar as potencialidades expressivas da música, em detrimento da poesia. Toda a composição é um hino às divindades, em estilo puramente convencional. A neutralidade do assunto, que permitiria uma inserção natural do canto em qualquer contexto, denuncia um modelo de *embolima*, que corresponde à última fase das intervenções corais, já então completamente desligadas da intriga, à maneira de interlúdios[20].

Terminado o canto, instala-se o diálogo entre o trágico e os seus visitantes, onde o estilo de Ágaton continua a ser motivo de paródia. O nosso anfitrião é ainda o artista que bebeu na retórica gorgiânica uma vasta gama de efeitos estilísticos, com que ornamentou o estilo trágico[21]. Um primeiro sintoma dessa influência percebe-se no uso das antíteses (cf. v. 55), que o poeta utiliza para comentar a catadupa de interrogações maliciosas com que é brindado por Mnesíloco (vv. 146 sq.). E quando, mais adiante, Ágaton insiste, o Parente caricatura-lhe a figura com uma réplica a que não falta a nota obscena (vv. 198-201). Talvez não seja por acaso que Ágaton faça uma censura à inveja que julga entrever no ataque de Mnesíloco. Embora escassos, os fragmentos conservados brindam--nos com três referências à inveja (frs. 23-25 N²), objecto de reflexão para um espírito tão afeiçoado à análise dos sentimentos humanos. Dentro de uma preocupação de nobilitar o estilo, Ágaton usa a perífrase para traduzir, em termos rebuscados e eufemísticos, as realidades mais banais. É escudado na perífrase que o poeta se recusa à solicitação de Eurípides,

---

[20] Aristóteles (*Poética* 1451b 9 e 1456a 18) atribui a Ágaton duas inovações importantes na tragédia: a criação de temas de pura imaginação, preferindo-os aos temas tradicionais buscados no mito, e a composição de odes corais dissociadas do conteúdo da peça.

[21] Cf. Platão, *Simpósio* 198c.

para que o represente nas Tesmofórias. E fá-lo de uma forma tão obscura, que o Parente, irritado, lhe converte as palavras numa versão coloquial (vv. 204-206). Jogos de palavras (cf. vv. 165-170) e o rigor na emissão de conceitos universais ou *sententiae* (cf. vv. 55, 177 sq.) rematam o perfil literário do último expoente da produção trágica de Atenas.

Da crítica literária à tragédia, como ela é feita em *As Mulheres que celebram as Tesmofórias*, ressalta a surpresa do conservador perante as novidades que se vão instalando na tragédia e pervertendo os esquemas mais antigos do género. E se é insensato atribuir às críticas de Aristófanes o peso de um testemunho fiel e rigoroso, insensato será igualmente repudiá-las como mera bufonaria. De Eurípides e de Ágaton, Aristófanes falava com o conhecimento que dão uma análise e uma reflexão maduras. Os motivos estilísticos, musicais e métricos foram estudados em profundidade e reproduzidos com toque de perito. E não tenhamos dúvida, que só um talento verdadeiro podia justificar esse interesse por parte do comediógrafo, que é, no fundo, a homenagem a dois artistas que saíram do anonimato, para brilharem entre os eleitos.

Bibliografia

Edições e traduções:

R. Cantarella, *Aristofane. Le Commedie*, IV, Milano, 1949-1964.
V. Coulon et H. van Daele, *Aristophane*, IV, Paris, reimpr. 1967.
F. W. Hall – W. M. Geldart. *Aristophanis Comoediae*, Oxford, ²1906.
J. van Leeuwen, *Aristophanis Comoediae*, Leiden, reimpr. 1968.
A.H. Sommerstein, *Aristophanes. Thesmophoriazusae*, Warminster, 1994.*
P. Thiercy, *Aristophane. Théâtre Complet*, Paris, 1997.

Estudos:

P. Arnott, *Greek Scenic Conventions in the fifth century b. C.*, Oxford, 1962.
K. Brizi, 'Il mito di Telefo nei tragici greci', *A&R* 9, 1928, 95-145.
R. Cantarella, 'Agatone e il prologo delle *Tesmoforiazusae*', in *Komoidotragemata*, Amsterdam, 1967, 7-15.
D. J. Conacher, *Euripidean drama: myth, theme and structure*, Toronto, 1967.
V. Crescini, 'Di Agatone poeta tragico', *Rivista di Storia Antica* 9, 1904, 7-30.
B.W. Dearden, *The stage of Aristophanes*, London, 1967.
K. J. Dover, *Aristophanic Comedy*, London, 1972.
V. Ehrenberg, *The people of Aristophanes*, Oxford, ²1951.
G. M. A. Grube, *The drama of Euripides*, London, reimpr. 1961.

---

*Foi este o texto utilizado para a tradução.

M. Habash, 'The odd Thesmophoria of Aristophanes' *Thesmophoriazusae'*, *GRBS* 38, 1997, 19-40.

E. Hall, 'The archer scene in Aristophanes' *Thesmophoriazusae'*, *Philologus* 133, 1989, 38-54.

H. Hansen, 'Aristophanes' *Thesmophoriazusae*: Theme, structure and production', *Philologus* 120, 1976, 165-185.

R. Harriott, 'Aristophanes' audience and the plays of Euripides', *BICS* 9, 1962, 1-8.

R. Harriott, *Aristophanes. Poet and dramatist*, London, 1986.

W. Jens, *Die Bauformen des griechischen Tragödie*, München, 1971.

J. Jouanna, 'Structures scéniques et personnages: essai de comparaison entre les *Acharniens* et les *Thesmophories'*, *in Aristophane: la langue, la scène, la cité*, ed. P. Thiercy et M. Menu, Bari, 1997, 253-268.

P. Lévêque, *Agathon*, Paris, 1955.

F. Lourenço, *Vitalidade cómica e crítica literária nas Tesmoforiantes de Aristófanes*, Lisboa, 1992.

F. Lourenço, 'Tema(s) e desenvolvimento temático nas *Tesmoforiantes* de Aristófanes', *Humanitas* 47, 1995, 263-306.

D. M. MacDowell, *Aristophanes and Athens*, Oxford, 1995.

K. McLeish, *The theatre of Aristophanes*, Essex, 1980.

H. W. Miller, 'Euripides' *Telephus* and the *Thesmophoriazusae* of Aristophanes', *CPh* 43, 1948, 174-183.

H. W. Miller, 'Some tragic influences in the *Thesmophoriazusae* of Aristophanes', *TAPhA* 77, 1946, 171-182.

F. Muecke, 'A portrait of the artist as a young woman', *CQ* 32, 1982, 41-55.

G. Murray, *Aristophanes. A study*, Oxford, reimpr. 1968.

M. Nilsson, *Greek folk religion*, Philadelphia, 1972.

G. Paduano, '*Le Tesmoforiazusae*: ambiguità del fare teatro', *QUCC* n. s. 11, 1982, 103-127.

A.W. Pickard-Cambridge, *The dramatic festivals of Athens*, 2nd ed. revised by J. Gould and D. L. Lewis, Oxford, 1968.

A.W. Pickard-Cambridge, *The theatre of Dionysus in Athens*, Oxford, reimpr. 1956.

A.C. Ramalho, *Dipla onomata no estilo de Aristófanes*, Coimbra, 1952.

P. Rau, *Paratragodia: Untersuchung einer komischen Form des Aristophanes*, Munchen, 1967.

W. R. Roberts, 'Aristophanes and Agathon', *JHS* 20, 1900, 44-56.

C. F. Russo, *Aristofane autore di teatro*, Firenze, 1962.

M. F. Silva, *Crítica do teatro na comédia antiga*, Lisboa, reimpr. 1997.

M. F. Silva, 'O estrangeiro na comédia grega antiga', *Humanitas* 51, 1999, 23-48.

P. T. Stevens, 'Euripides and the Athenians', *JHS* 76, 1956, 87-94.

G. Stohn, 'Zur Agathonszene in den *Thesmophoriazusen* des Aristophanes', *Hermes* 121, 1993, 196-205.

J. Taillardat, *Les images d'Aristophane*, Paris, ²1965.

P. Thiercy, *Aristophane: fiction et dramaturgie*, Paris, 1986.

G. Ugolini, 'L'evoluzione della critica letteraria d'Aristofane', *SIFC* n. s. 3, 1923, 215-246, 259-291.

B.H. Whitman, *Aristophanes and the comic hero*, Cambridge, Massachusetts, 1964.

AS MULHERES
QUE CELEBRAM AS
TESMOFÓRIAS

Tradução

PERSONAGENS DA PEÇA

Parente de Eurípides
Eurípides
Servo de Ágaton
Ágaton
Critila, Sacerdotisa das Deusas Tesmóforas
Coro de mulheres atenienses
Mica, Mulher de Cleónimo
Florista
Clístenes
Prítane
Guarda Cita
Eco

Personagens Mudas
Filiste e outras mulheres atenienses
Mânia, Ama de Mica, *e outras servas das mulheres*
Eláfion, bailarina
Terédon, flautista

PARENTE

*(Que vem acompanhado de Eurípides, pára, extenuado da caminhada.
Com os seus botões.)*

Deus me valha, será que algum dia as andorinhas acabarão mesmo por chegar[22]? Dá cabo de mim, este fulano, numa roda viva desde manhãzinha. (*A Eurípides.*) Posso saber, antes que deite os bofes pela boca[23], para onde me levas, Eurípides?

EURÍPIDES

Não há necessidade de ouvires tudo o que vais já ver com os teus próprios olhos[24].

5

PARENTE

Como dizes? Repete lá isso outra vez! Não preciso de ouvir?...

---

[22] A invocação do Parente a Zeus traduz o cansaço provocado por toda aquela caminhada; e para inquirir sobre o momento em que verá o fim dos seus males, o velho pergunta: 'será que algum dia as andorinhas acabarão por chegar?' A andorinha é o símbolo da primavera, que anuncia o fim dos dias negros do inverno.

[23] O grego diz literalmente 'antes que lance fora completamente a bílis'. A expressão aplica-se a quem se sente oprimido por grande cansaço.

[24] No diálogo que vai seguir-se é parodiada a sofística, personalizada em Eurípides. As subtilezas retóricas do trágico merecem a Aristófanes larga paródia em *Rãs*, de que os vv. 775 sq., 818-821, 971-974 são talvez alguns dos passos mais significativos.

EURÍPIDES

Não, aquilo que vais já ver.

PARENTE

Nem preciso de ver?

EURÍPIDES

Não, aquilo que tens de ouvir.

PARENTE

Que recomendações são essas que me fazes? Lá paleio tens tu,
não haja dúvida! Dizes então que eu não preciso nem de ouvir nem de
ver?

EURÍPIDES

São, de facto, duas coisas distintas por natureza.

PARENTE

Distintas, como?

EURÍPIDES

Aqui tens como foram separadas um dia: o Éter[25], quando, logo
no princípio, se separou e gerou em si animais dotados de movimento,
para quem devia ver, fabricou de imediato um olho, à semelhança da
roda do sol, e para ouvir, esburacou um funil, as orelhas.

---

[25] O Éter é citado várias vezes na obra de Eurípides (cf., *e. g.*, *Hipólito* 178, *Orestes*
1087) e a sua importância no pensamento cosmogónico do trágico justifica as várias alusões
que lhe são feitas na comédia: cf. v. 272, *Rãs* 100. Em Eurípides o Éter pode ser identificado
com Zeus (cf. frs. 877, 941 N2); em *Rãs* 892, o Éter é o primeiro dos deuses da devoção
particular de Eurípides. Sobre a concepção de αἰθήρ em Eurípides, cf. P. Décharme,
Euripide et l'esprit de son théâtre, Paris, 1893, 83 sqq.

PARENTE

É então por causa do funil que eu nem posso ouvir nem ver? Raios! Estou encantado por ter aprendido mais essa! Isto é que é uma conversa de alto nível! 20

EURÍPIDES

Destas hás-de tu aprender muitas comigo!

PARENTE

Não descobrir eu, para além destas maravilhas, a maneira de aprender a ser coxo das duas pernas!

EURÍPIDES

Chega-te cá e presta atenção! 25

PARENTE
(Aproximando-se.)

Pronto.

EURÍPIDES
(Que aponta para a casa de Ágaton.)

Vês ali aquela portinha?

PARENTE

Claro, ora essa! Pelo menos penso que sim.

EURÍPIDES

Então bico calado!

PARENTE

Nem pio sobre a portinha.

EURÍPIDES

Ouve cá!

PARENTE

Sou todo ouvidos e nem pio sobre a portinha.

EURÍPIDES

30   Acontece que é aqui que vive o célebre Ágaton[26], o poeta trágico.

PARENTE

Qual Ágaton?

EURÍPIDES

Há um Ágaton…

PARENTE

Não será um moreno, fortalhaço?

---

[26] Cf. *supra* Introdução, 26-30.

EURÍPIDES

Não, é outro. Nunca o viste?

PARENTE

Não será um fulano barbudo?

EURÍPIDES

Nunca o viste mesmo.

PARENTE

Decerto não... pelo menos que eu saiba.

EURÍPIDES

E é certo e seguro que já o espetaste, embora talvez nem saibas. 35
(*Abre-se a porta da casa e ambos procuram esconder-se.*) Toca mas é a
agacharmo-nos longe daqui! Vem ali um criado dele a sair de casa, com
o fogo e os mirtos, para sacrificar, ao que parece, pela poesia do sujeito[27].

SERVO

Quede-se a multidão silenciosa, de boca cerrada. Aqui dentro, 40
sob os tectos[28] do meu senhor, encontra-se um tíaso de Musas a compor
cantos. Retenha os seus sopros o calmo éter, não ressoe a onda cerúlea 45
do mar...

---

[27] Cf. *Rãs* 871 sqq., em que, na presença de Dioniso, Ésquilo e Eurípides fazem
idênticos sacrifícios, antes de se dar início ao certame literário.
[28] Cf. *supra* Introdução, 27.

PARENTE

Pum!

EURÍPIDES

Cala a boca! O que está ele a dizer?

SERVO

...mergulhem no sono as raças aladas, não se deslacem os pés das feras selvagens que correm nos montes...

PARENTE

Catapum!

SERVO

...porque Ágaton de belas palavras, o nosso senhor, se prepara para...

PARENTE

Para levar uma espetadela, não?

SERVO

Quem é que fez ouvir a sua voz?

PARENTE

O calmo éter!

SERVO

...colocar as traves, suportes de uma tragédia. Articula novas junturas de versos, torneia uns, cola outros, ora martela sentenças, ora 55 cria palavras novas, ora funde, ora arredonda, ora molda...

PARENTE

Ora lambe rabos!

SERVO

Quem é o pacóvio que anda a rondar este recinto?

PARENTE

Um fulano disposto a moldar este vergalho que aqui vês, redondo 60 e teso, no teu recinto e no do teu poeta de belas palavras.

SERVO

Olha a carcaça! Nos teus tempos de rapaz devias ser cá um grande cara de pau!

EURÍPIDES

Meu querido amigo, deixa lá o tipo em paz! E tu, trata de me 65 chamar aqui o Ágaton, dê lá por onde der.

SERVO

Escusas de pedir. Ele está aí não tarda nada. É que vai começar a compor um canto; e, como estamos no inverno[29], não lhe é fácil articular as estrofes sem vir cá para fora, para o sol.

---

[29] A acção da comédia decorre na época de Outubro-Novembro, altura em que se realizava o festival das Tesmofórias (cf. *infra* nota 31).

EURÍPIDES

70   Então que hei-de fazer?

SERVO

Espera aí, que ele já lá vem.

EURÍPIDES
(Em tom trágico.)

Ó Zeus, que é que tencionas fazer hoje de mim?

PARENTE
(Com os seus botões.)

Caramba, eu quero saber que história é esta. *(A Eurípides.)* Porque gemes? Porque te irritas? Não deves fazer caixinha comigo, já que és meu parente.

EURÍPIDES

75   Andam a cozinhar uma trama medonha contra mim.

PARENTE

Que trama?

EURÍPIDES

É hoje mesmo que se vai decidir se Eurípides é vivo ou morto[30].

---

[30] O tom trágico desta frase adapta-se ao teor da revelação que Eurípides está a fazer ao Parente; é agora que a vida do poeta depende de uma decisão que será tomada naquele mesmo dia, como uma personagem trágica cuja existência está sujeita aos percalços do destino: cf. *Hipólito* 369, *Hécuba* 285, *Hércules Furioso* 510. Cf. J. de Romilly, *Le temps dans la tragédie grecque*, Paris, 1971, 106-109.

PARENTE

Mas como? Agora que nem os tribunais estão a julgar, nem há
reunião do Conselho, porque estamos a meio das Tesmofórias...[31]   80

EURÍPIDES

É exactamente por isso que estou a ver que vou ser liquidado. É
que as mulheres andam a conspirar contra mim e hoje, nas Tesmofórias,
vão reunir-se para discutir o meu caso. É a minha morte!

PARENTE

Mas porquê?

---

[31] As Tesmofórias eram um festival religioso, realizado com a participação exclusiva
de mulheres, em honra de Deméter e Perséfone. Numerosas são, em *Tesmofórias*, as
invocações às duas deusas (cf., *e. g.*, vv. 383, 897, 916). Este elemento, associado à época
em que se realizava o festival, Outubro-Novembro, aponta para uma relação evidente com
a fertilidade do solo e com as sementeiras. O festival tinha raízes fundas no tempo e
propagou-se por toda a Grécia; parece revestir, no entanto, durante o longo período em
que foi anualmente celebrado, um carácter nitidamente conservador. Desenrolava-se durante
três dias, designados por: Κάθοδος καὶ ἄνοδος 'Descida e subida', Νηστεία 'Jejum' e
Καλλιγένεια 'Bom nascimento'. A designação que coube a este festival, bem como o
epíteto que Deméter usava de Tesmófora, estão sujeitos a várias interpretações na explicação
do seu significado: se entendermos ϑεσμός como 'lei, princípio estabelecido', então
Deméter será a deusa que 'deu uma lei' aos homens, segundo a qual lhes cabia, à força de
trabalho, arrancar da terra o seu sustento, e a designação de Tesmofórias corresponderia
ao festival realizado em homenagem à deusa. Mas é igualmente possível relacionar ϑεσμός
com o verbo τίϑημι: segundo esta interpretação, ϑεσμοί seriam 'as coisas acumuladas,
enterradas', que eram transportadas (-φορος) durante o festival. E assim o epíteto da deusa
proviria deste ritual. Embora os pormenores que compunham o cerimonial religioso sejam
difíceis de reconstituir, dado o sigilo que os envolvia (cf. *Tesmofórias* 363-364, 627-628),
sabemos, no entanto, que as mulheres depunham, em covas ou μέγαρα, carne de porco,
em homenagem aos animais de Eubuleu, engolidos pela terra juntamente com Perséfone,
e depois a retiravam, já apodrecida, para a deporem em altares como elemento de fertilidade.
Parece ser este o ritual executado no primeiro dia da festa, designado precisamente por
'Descida e subida'. No segundo, enquanto as mulheres observavam um jejum absoluto,
honrando a desolação de Deméter pelo rapto da filha, a carne sagrada estaria exposta,
juntamente com grãos, sobre os altares, para no terceiro ser espalhada pelos campos, como
garantia de fertilidade.

EURÍPIDES

85   Porque as apresento nas tragédias e digo mal delas.

PARENTE

Ora toma, é o que estás mesmo a pedir! E então, tens algum expediente para escapares?

EURÍPIDES

Convencer o Ágaton, o poeta trágico, a ir às Tesmofórias.

PARENTE

Fazer o quê? Diz-me lá!

EURÍPIDES

90   Para tomar parte na discussão, no meio das mulheres, e, se for preciso, dizer uma palavra em meu favor.

PARENTE

Às claras ou disfarçado?

A projecção do festival era tal que, no segundo dia das Tesmofórias, nem os tribunais nem o Conselho funcionavam (cf. vv. 78-80).

Para uma informação mais precisa sobre o assunto, *vide* J. E. Harrison, *Prolegomena to the study of Greek Religion*, Cambridge, 1908, 120 sqq.; M. Nilsson, *Greek Folk Religion*, Philadelphia, 1972, 24 sqq.; M. Habash, 'The odd Thesmophoria of Aristophanes' *Thesmophoriazusae*', *GRBS* 38, 1997, 19-40.

EURÍPIDES

Disfarçado, vestido com roupa de mulher.

PARENTE

Uma ideia engenhosa, mesmo só da tua cabeça. Lá quanto a expediente, a palma é nossa[32].

(Uma estrutura rolante avança através da porta de cena, trazendo Ágaton reclinado num leito, em trajos femininos e empunhando uma lira. A rodeá-lo, uma grande quantidade de acessórios de toucador.)

EURÍPIDES

Cala-te!   95

PARENTE

O que é?

EURÍPIDES

O Ágaton vem a sair.

PARENTE

Mas onde é que ele está?

---

[32] A respeito da πανουργία de Eurípides, cf. *Rãs* 80, 1520. O grego, no v. 94, diz literalmente: 'Lá quanto a expediente, o bolo é nosso', expressão que ocorre também em *Cavaleiros* 277. O πυραμοῦς, bolo de trigo e mel, era o prémio que cabia àquele que melhor aguentasse acordado uma παννυκίς, ou seja, uma vigília nocturna. Portanto, a ideia de vitória que a palavra contém levou-me a preferir a tradução de 'a palma é nossa', mais natural em português.

EURÍPIDES

Onde é que ele está? É aquele que ali vem a rolar cá para fora[33].

PARENTE

Estou cego ou quê? Cá por mim não vejo aqui nenhum homem!
É Cirene[34] que eu vejo.

EURÍPIDES

Cala-te! Ele prepara-se para cantar.

PARENTE

100   Carreiros de formigas ou quê, aquilo que ele está para ali a gargantear[35]?

---

[33] Um dos problemas que se levantam ao dramaturgo é o da apresentação de cenas de interior, que haja interesse em fazer desenrolar na presença do público. Tal é o caso da exibição de Ágaton na intimidade da sua casa. Para ser possível a apresentação desta cena, o autor tem de recorrer ao ±kkÚklhma para trazer e levar Ágaton (vv. 96 e 265, respectivamente). Comentando este passo em confronto com a cena de *Acarnenses* (vv. 407 sqq.), em que é Eurípides a ser trazido a público pelo mesmo sistema, A. W. Pickard--Cambridge (*The theatre of Dionysus in Athens*, Oxford, 1956, 101 sqq.) afirma que, para qualquer uma das duas peças, seria suficiente um leito, dispensando-se uma plataforma rolante. Uma segunda coincidência entre essas duas cenas está em que é um poeta trágico a ser transportado no ἐκκύκλημα. Nota C. F. Russo (*Aristofane autore di teatro*, Firenze, 1962, 95-96) que não será por acaso que, nas duas únicas cenas em que é certo Aristófanes ter usado o ἐκκύκλημα, esteja envolvido Eurípides, que deve ter usado largamente este tipo de engenhos teatrais. Para esclarecimento mais profundo do problema, cf. A. W. Pickard-Cambridge, *op. cit.*, 100 sqq.

[34] Cirene era uma famosa cortesã, também referida em *Rãs* 1327-1328, que Ágaton faz lembrar pela postura e pelo trajo.

[35] A expressão 'carreiros de formigas' alude a um canto subtil e sinuoso, sendo o seu valor pejorativo acentuado pelo predicado 'gargantear'. De resto, a imagem aqui usada não era já original. Ferécrates servira-se dela a propósito da música de Timóteo (frs. 155, 28 K.-A.); Suda (*s. v.*) informa também de que Filóxeno de Citera recebera, pela sinuosidade das suas melodias, a alcunha de 'formiga'.

ÁGATON[36]
Solo

Empunhai, donzelas, a tocha consagrada às deusas dos ínferos[37]
e, de coração liberto, executai a vossa dança ao som dos brados ancestrais.

Coro

A que divindade é dedicado este cortejo festivo? Diz-me qual.   105
Anseio por venerar os deuses.

Solo

Vamos, celebrai o archeiro dos arcos doirados, Febo, que erigiu   110
as muralhas do nosso país em terras do Simoente[38].

Coro

Regozija-te, Febo, com a beleza dos nossos cantos, tu que, dos
hinos melodiosos, detens o prémio sagrado.

Solo

Cantai também Ártemis, a jovem caçadora nas montanhas   115
cobertas de carvalhos.

Coro

Sigo-te celebrando a augusta e feliz filha de Leto, Ártemis de
leito inviolado.

---

[36] A respeito da natureza deste coro e da forma dramática que revestiu em *As Mulheres que celebram as Tesmofórias*, cf. Muecke ('The artist as a young woman', *CQ* 32, 1982, 47) que, após sumariar várias interpretações, opta pela teoria de que a Ágaton cabiam, na comédia, os dois papéis, solo e coro. Também Dearden (*The stage of Aristophanes*, London, 1976, 58 sq.) e Russo (*Aristofane autore di teatro*, Firenze, 1962, 71) rebatem a opinião daqueles que defendem que Ágaton vinha acompanhado de um coro, que executaria o seu canto. Recordemos que o escravo deixara bem claro que o canto se encontrava ainda em fase de elaboração, o que exclui naturalmente a presença extemporânea de um coro.

O canto alterna entre um coro de jovens troianas – que dirigem a melodia que entoam às Graças frígias (vv. 121-122), que celebram Apolo construtor das muralhas de Tróia (vv. 109-110) e relembram Ártemis e Leto como protectoras da mesma cidade – e provavelmente um executante a solo, na função de conduzir o ritual, que será uma sacerdotisa.

[37] Ou seja, em honra de Deméter e Perséfone. Sobre o uso de tochas no ritual das duas deusas, cf. vv. 280-281, 655, 1151-1152, *Rãs* 313-314, 340-353, 448.

[38] Segundo a interpretação do escoliasta (apud J. van Leeuwen, *Thesmophoriazusae*, Leiden, 1968, 22) χώρας γύαλα refere-se às muralhas de Tróia, construídas em terras banhadas pelo rio Simoente, sob a protecção de Apolo.

Solo

120   E Leto e as melodias da Ásia, descompassadas e compassadas na dança, sob a conduta das Graças frígias.

Coro

125   Venero a soberana Leto e a cítara, mãe dos hinos notáveis por seu másculo clamor.

Solo

Uma luz refulgia nos seus olhos divinos, que penetrou, em raio fugaz, o nosso olhar. Por isso exalta o soberano Febo.

Coro

Salve, ó feliz filho de Leto!
(*Lança um grito prolongado.*)

PARENTE

130   Que doçura de canto, ó poderosas Genetílides[39], a saber a mulher, lascivo como um beijo, sensual! De o ouvir até já sinto cócegas nos
135   fundilhos. E tu, meu rapaz, quero perguntar-te, como Ésquilo na *Licurgia*[40], que raio de mulher és tu. De onde vens, meu maricas? Qual é a tua terra? Que fatiota é essa[41]? (*Atentando nos objectos que cercam o poeta.*) Que trapalhada de estilos de vida é esta? O que tem a ver uma

---

[39] As Genetílides eram divindades femininas, protectoras do nascimento como Afrodite, que usava este mesmo epíteto (cf. *Nuvens* 52, *Lisístrata* 2).

[40] Segundo informação do escoliasta, a *Licurgia* era uma tetralogia de Ésquilo, formada pelas tragédias *Edónios*, *Bassárides* e *Jovens*, e ainda pelo drama satírico *Licurgo*. As palavras que Aristófanes aqui adapta jocosamente a Ágaton são da primeira das tragédias da tetralogia, *Edónios*. Licurgo era o rei trácio dos Edónios, que tentou resistir à infiltração do culto dionisíaco.

[41] O trajo de Ágaton é mais uma fonte de cómico, decerto pelas afinidades que teria com os hábitos do poeta, conhecidos de todos. A primeira impressão que causa o seu aparecimento é a de um exterior vistoso e requintado, capaz de trazer ao espírito a lembrança de Cirene, a famosa cortesã (v. 98): a túnica cor de açafrão (v. 138), o véu (v. 138), o corpete (v. 139), o espelho (v. 140). Notável é também o carácter feminino dos objectos que o rodeiam: a navalha (v. 219), o barrete (v. 258), a capa (v. 261), os sapatos (v. 262). Para a referência aos contrastes de trajo que definem o homem e a mulher, como fonte de comicidade, cf. *Rãs* 45 sqq.

lira[42] com uma túnica cor de açafrão[43] ? E uma pele com uma redinha[44] ?E
um lécito com um corpete[45] ? Não diz nada uma coisa com a outra. Que   140
aliança é essa de um espelho com uma espada? E tu, meu rapaz, será que
és mesmo homem? Então onde está o teu membro? E o teu manto[46] ? E
os teus sapatos espartanos[47] ? Ou és mulher? Mas então onde estão as
tuas maminhas? O que dizes? Porque te calas? Será que vou ter de
investigar, pelo teu canto, quem tu és, já que tu próprio não mo queres   145
dizer?

ÁGATON

Ai meu velho, meu velho! O que te faz falar é a dor de cotovelo!
Mas não me atingiu a picada. Cá por mim trago uma roupa conforme à
minha maneira de pensar. É preciso que o poeta actue de acordo com as
suas peças, que lhes adapte o seu tipo de vida[48]. Por exemplo, se se   150
fazem peças com mulheres, é preciso que o corpo participe dessa natureza.

PARENTE

Então... cavalgas, quando compões uma *Fedra*[49] ?

---

[42] O βάρβιτος ou βάρβιτον era uma lira de grandes dimensões, que se usou nos
séc. VII-V a. C. Era um instrumento da preferência dos líricos, sobretudo de Anacreonte,
que acabou por ser apontado como seu criador.

[43] O κροκωτός (*sc.* χιτών) era uma túnica cor de açafrão, usada pelas mulheres e,
naturalmente, pelos homens efeminados (cf. vv. 253, 941, 1220).

[44] O κεκρύφαλος era uma redinha com que as mulheres seguravam o cabelo (cf. v.
257).

[45] O στρόφιον era uma tira de pano, que podia ser ornamentada com pedras preciosas,
que as mulheres usavam sobre os seios (cf. vv. 251, 254, 638).

[46] A χλαῖνα era um manto de lã espessa, que se usava aos ombros, preso com uma
fíbula. Era um trajo exclusivamente masculino.

[47] As Λακωνικαί eram sapatos grosseiros de homem, à moda dos Espartanos.

[48] Do mesmo modo, Eurípides, em *Acarnenses* 410 sqq., para compor personagens
coxas e mendigas, veste-se de farrapos e senta-se com os pés suspensos no ar.

[49] O verbo κελητίζω é aqui tomado no sentido obsceno. Fedra, filha de Minos e de
Pasífae, casada com o rei de Atenas, Teseu, foi tomada de violenta paixão pelo enteado,
Hipólito. A repugnância que o jovem sente pelo amor da madrasta será causa da sua morte,
depois de Fedra o ter acusado falsamente ao marido de uma tentativa de ultraje. Em
Aristófanes, Fedra é várias vezes tomada como protótipo da mulher de maus costumes (cf.
vv. 497, 547, 550, *Rãs* 1043). No entanto, na versão do *Hipólito* de Eurípides que nós

ÁGATON
(Desconhecendo o comentário.)

155 Se se fazem peças com homens, tem-se no corpo essa característica. E aquilo que não possuímos, consegue-se pela imitação[50].

PARENTE

Então, quando fizeres sátiros, chama por mim, para eu te dar uma ajuda por trás, em erecção.

ÁGATON
(Continuando a desconhecer o comentário.)

160 Aliás é contrário às musas ver um poeta grosseiro e peludo. Repara que o famoso Íbico e Anacreonte de Teos e Alceu[51], que tanto

---

conhecemos, a actuação de Fedra de modo algum justifica esta ideia. 'Possivelmente Aristófanes tem em mente', diz Stanford (*The frogs*, New York, 1968, 164), 'uma versão mais antiga que se perdeu, o *Hipólito Velado*, que, segundo a *Vida de Eurípides*, chocou os Atenienses com a sua exibição de falta de pudor feminino'.

Desta tragédia perdida, a consulta dos poucos fragmentos conservados, juntamente com a análise de outros textos dramáticos que estão na linha da peça euripidiana, nomeadamente a *Fedra* de Séneca, levaram a algumas tentativas de reconstituição. *Vide, e. g.*, P. Grimal, 'L'originalité de Sénèque dans la tragédie de Phèdre', *REL* 41, 1963, 297--314; B. Snell, *Scenes from Greek drama*, Berkeley and Los Angeles, 1967, 23-46: W. S. Barrett, *Euripides' Hippolytus*, Oxford, 1964, 11 sq., 15-22.

A súmula dos testemunhos disponíveis deixa entrever uma outra Fedra, que se escuda na força de Eros para vencer todos os preconceitos (frs. 430, 433, 434 N²), que responsabiliza a indiferença do marido pelo surgir da paixão adúltera que a domina (Plutarco, *Moralia* 28a), e que eventualmente, num extremo de audácia, se encarregaria, ela própria, da revelação a Hipólito do seu amor. Estes alguns dos traços mais salientes no carácter da heroína da primeira peça dedicada por Eurípides ao tema de Hipólito, que o poeta, perante o escândalo produzido entre os Atenienses, erradicou da segunda versão.

[50] Esta é a ocorrência mais antiga de um conceito, *mimesis*, que se tornou fundamental na teorização poética de Platão (*República* 392d, 598b) e de Aristóteles (*Poética* 1447a 16).

[51] Ágaton aponta como modelos três líricos. Íbico, oriundo de Régio, na Magna Grécia, viria a fixar-se na corte de Polícrates de Samos. Cultivou a lírica coral; entre os seus temas favoritos contam-se a paixão e a natureza. Tanto Anacreonte como Alceu foram cultores da lírica monódica. A vida do primeiro destes dois poetas (séc. VI a. C.) decorre em segurança na corte de Teos, o que transpira da sua obra nas alusões a Eros e ao prazer, sem deixar, contudo, de observar o tradicional equilíbrio helénico. Alceu, por seu lado, era de Lesbos e viveu nos séc. VII-VI a. C. A temática dos seus poemas reparte-se entre as duas feições da sua vida: a do homem político, preocupado com a orgânica da sua cidade, e a do homem privado, que aprecia a comodidade e a bebida.

condimentaram a música, usavam turbante[52] e levavam uma vida
efeminada, à iónica. E Frínico[53] – decerto já o ouviste cantar – era um   165
bom pedaço de homem e vestia com bom gosto. Por isso é que as peças
dele eram também boas. É uma necessidade compor de acordo com a
própria natureza.

PARENTE

Então por isso é que Fílocles[54], que era feio, compunha peças
feias, e Xénocles[55], que era mau, compunha peças más, e Teógnis[56], que   170
era frio, compunha peças frias.

---

[52] A μίτρα era um ornamento para a cabeça, talvez uma espécie de turbante, usado
pelas mulheres e também denunciador do efeminado (cf. vv. 257, 941).

[53] Frínico foi um tragediógrafo anterior a Ésquilo, contemporâneo das Guerras
Pérsicas. Uma das suas tragédias mais famosas intitulava-se *Fenícias* e tinha como tema a
derrota de Xerxes, ou seja, um assunto paralelo ao de *Persas* de Ésquilo. A comédia refere-
-se-lhe sempre com admiração. Os seus cantos continuavam a gozar de grande popularidade,
e a merecerem o elogio de um conhecedor tão exigente quanto Ágaton. Da produção
dramática de Frínico conservavam os mais velhos uma grata recordação (*Vespas* 269 sq.);
nos seus ouvidos, as melodias do poeta haviam deixado a marca inesquecível de uma doce
suavidade (*Aves* 748 sqq.). Envolto em manifesto requinte, Frínico parece integrado no
mundo iónico, bem condimentado do tradicional requebro asiático (*Vespas* 219 sq.).

[54] Fílocles era sobrinho de Ésquilo, e a sua categoria como trágico é atestada pelo
facto de ter saído vencedor no concurso em que Sófocles apresentou *Rei Édipo*. Apesar
desta proeza, a comédia ridiculariza-o sempre como um mau poeta. Cratino (fr. 323 K.-
A.) comenta o modo pouco hábil como Fílocles estruturava as suas intrigas. Como poeta
lírico, a aspereza das suas criações valeu-lhe as alcunhas de 'filho da salga' (*schol. Av.*
281; *Vespas* 461 sq.), ou de 'cotovia' (*Aves* 1295). Em resumo, o parentesco com Ésquilo
resumia-se aos laços de sangue, que não aos dotes das Musas (cf. Teleclides fr. 15 K.- A.).

[55] O poeta trágico Xénocles, filho de Cárcino (cf. v. 441) é também visado em *Rãs*
86 como mau poeta. Platão Cómico (fr. 143 K.-A.) qualifica-o de δωδεκαμήχανος, numa
referência ao uso exagerado de máquinas que fazia no seu teatro, e também à arquitectura
complexa das intrigas que criava (cf. *schol.. Pax* 792). Apesar destes testemunhos
depreciativos, Eliano (*História Verdadeira* 2. 8) refere-se à vitória alcançada por Xénocles,
em 415, sobre *Troianas* de Eurípides. Além do teatro, o nome deste filho de Cárcino aparece
ligado à oratória, que teria cultivado com bastante êxito (cf. vv. 440-442). Por fim, *Vespas*
1474-1537 parodia os novos esquemas coreográficos em que Xénocles, juntamente com
os irmãos, se exibia.

[56] Este tragediógrafo, Teógnis, aparece ainda associado à mesma ideia de frieza
artística em *Acarnenses* 138-140. Se comparado com o talento de um Ésquilo, a sua
inferioridade é manifesta (*Acarnenses* 10 sq.).

ÁGATON

Forçosamente! E é por me ter dado conta disso que me sujeitei a este tratamento.

PARENTE

Homessa! Como?

EURÍPIDES

Acaba com esses latidos! Até eu era assim, tal e qual, na idade dele, quando comecei a escrever.

PARENTE

175   Safa! Não te invejo esses princípios[57].

EURÍPIDES

Mas deixa-me dizer porque é que aqui vim.

PARENTE

Diz lá!

EURÍPIDES

Ágaton, 'homem sábio é aquele que é capaz de resumir em palavras breves, mas claras, um longo discurso'[58]. Eu fui atingido por
180   uma desgraça inaudita e por isso aqui venho ter contigo como suplicante.

---

[57] Eurípides, ao dizer-se próximo de Ágaton no início da sua carreira literária, refere-se à teoria exposta pelo poeta, mas o Parente interpreta o comentário de Eurípides como se se tratasse dos hábitos de efeminado. A tradução 'princípios', vaga no seu conteúdo, talvez possa reproduzir esse trocadilho.

[58] Correspondendo à atitude 'trágica' que toma perante Ágaton, Eurípides serve-se, para introduzir o seu pedido, de dois versos de uma das suas tragédias, perdidas para nós, *Éolo* (fr. 28 N²).

ÁGATON

Mas o que é que tu pretendes?

EURÍPIDES

As mulheres vão dar cabo de mim hoje, nas Tesmofórias, porque digo mal delas.

ÁGATON

E nós, que podemos fazer por ti?

EURÍPIDES

Tudo. Se te instalares no meio das mulheres, às escondidas, de   185
maneira a pareceres mulher, e disseres uma palavra em meu favor, de
certeza que me salvas. És o único capaz de dizer qualquer coisa digna de
mim.

ÁGATON

Mas então porque não vais lá tu defender-te pessoalmente?

EURÍPIDES

Vou-te explicar. Em primeiro lugar, sou conhecido[59]. Além disso,   190
tenho cabelos brancos e barba. Tu, pelo contrário, tens um palminho de
cara, és pálido, bem barbeado, com voz de mulher, franzino, uma boa
figura.

---

[59] Na altura da representação de *Tesmofórias*, Eurípides tinha cerca de 70 anos;
podia, com razão, dizer que 'era conhecido'. No entanto, incoerentemente, ele vem a passar
despercebido quando se apresenta no papel de Menelau (vv. 871 sqq.).

ÁGATON

Eurípides...

EURÍPIDES

Que é?

ÁGATON

Uma vez escreveste o seguinte: 'Gostas de ver a luz; não te parece que o teu pai também gosta'[60] ?

EURÍPIDES

195   De facto escrevi.

ÁGATON

Então não esperes que seja eu a aguentar com a tua desgraça. Só se estivesse maluco! Os teus problemas pessoais, resolve-os tu! A má sorte não é com artifícios que se pode aguentar, é com paciência.

PARENTE

200   Portanto tu, meu invertido, se tens o rabo largo, não é das palavras, é da paciência.

EURÍPIDES

Mas porque é que tens medo de lá ir?

---

[60] Eurípides é desarmado com as suas próprias palavras de *Alceste* 691.

ÁGATON

Ainda havia de ter um fim pior do que tu.

EURÍPIDES

Como?

ÁGATON

Como? Por parecer que ia roubar o trabalho nocturno das mulheres
e arrebatar a Cípris feminina[61].   205

PARENTE

Ora vejam lá roubar! E esta?! Fazer amor, isso sim! Está-se mesmo
a ver que é um pretexto, caramba!

EURÍPIDES

Então? Fazes-me esse favor?

ÁGATON

Nem penses nisso!

EURÍPIDES

Ai, que desgraça a minha! Estou perdido!

---

[61] Parodiando o estilo rebuscado de Ágaton, Aristófanes atribui-lhe frases empoladas,
em contraste com a linguagem rasteira do Parente, que reduz a palavras cruas o que o
poeta dissera com eufemismos.

PARENTE

210   Eurípides, meu caro amigo, meu parente, não te dês por vencido.

EURÍPIDES

Então o que é que hei-de fazer?

PARENTE

Esse fulano aí, manda-o para o raio que o parta! Aqui me tens. Faz de mim o que quiseres.

EURÍPIDES

Bem, já que te pões à minha disposição, tira essa roupa.

PARENTE
(Que se despe.)

215   Já está no chão. Mas o que é que tu me vais fazer?

EURÍPIDES

Fazer-te a barba aqui e queimar-te por baixo[62].

PARENTE

Bem, faz lá isso, se te parece. Ou eu não devia ter-me posto à tua disposição.

---

[62] Estas eram práticas comuns entre as mulheres (cf. *Mulheres na assembleia* 12 sq., 65 sqq.). Ágaton usava igualmente a lâmina para dar à pele uma suavidade feminina (cf. vv. 218-219).

EURÍPIDES

Ágaton, deves trazer sempre uma navalha contigo. Empresta-nos a navalha por um instante.

ÁGATON

Tira-a tu mesmo daí, do estojo.   220

EURÍPIDES
(A Ágaton e depois ao Parente.)

És muito amável. Senta-te. Sopra a bochecha direita.

PARENTE

Ai, ai!

EURÍPIDES

Porque é que estás a gritar? Enfio-te já um batoque, se não te calas.

PARENTE

Ai, ai! Ai, ai!

EURÍPIDES
(Ao Parente que foge a correr.)

Ei, tu aí! Para onde vais a correr?

PARENTE

225 Para o templo das deusas sagradas[63]. Com mil demónios! Não vou ficar aqui à espera que me façam em postas.

EURÍPIDES

Não te sentes ridículo assim, com metade da cara rapada?

PARENTE

Pouco me importa.

EURÍPIDES

Não, por favor, não me abandones. Anda cá.

PARENTE
(Voltando.)

Ai, que desgraça a minha!

EURÍPIDES

230 Não te mexas, levanta a cabeça. Para onde te estás a virar?

PARENTE

Mu, mu!

---

[63] Ou seja, para o templo das Euménides, protectoras dos suplicantes.

EURÍPIDES

Que mu é esse? Está pronto. Óptimo!

PARENTE

Ai, que desgraça a minha! Vou para o combate... desbarbado[64]!

EURÍPIDES
(Estendendo-lhe um espelho.)

Não te preocupes. Estás mesmo uma beleza! Queres ver-te?

PARENTE

Como queiras. Dá cá!

EURÍPIDES

Estás a ver-te?   235

PARENTE

A mim não, caramba! Ao Clístenes[65]!

EURÍPIDES

Levanta-te para eu te queimar. Põe-te para a frente.

---

[64] O Parente usa aqui um trocadilho, porquanto o adjectivo ψιλός significa simultaneamente 'rapado' e 'armado à ligeira, sem escudo e sem couraça'.

[65] Clístenes é um efeminado largamente parodiado por Aristófanes; cf., *e. g.*, vv. 574-654, *Acarnenses* 117-121, *Cavaleiros* 1374, *Aves* 831, *Lisístrata* 1092, *Rãs* 48-57.

PARENTE
(Que se inclina.)

Ai, que desgraça a minha! Vou ficar um leitãozinho.

EURÍPIDES
(Chamando lá para dentro.)

Tragam-me aí de dentro uma tocha ou uma vela. *(Ao Parente, quando a tocha chega.)* Põe-te para baixo. Cautela com a ponta do rabiosque!

PARENTE

240   Cuidado tenho eu, bolas! Mas estás-me a queimar. Ai, ai, que desgraça! Água, água, vizinhos, antes que o fogo comece a alastrar para outro lado.

EURÍPIDES

Coragem!

PARENTE

Qual coragem! Estou mas é a arder.

EURÍPIDES

245   Pronto, já passou. O pior está feito.

PARENTE

Puf! Que chamusco! Tenho isto tudo queimado, à volta da rabadilha.

EURÍPIDES

Não te preocupes. Alguém te passa aí uma esponja.

PARENTE

Há-de arrepender-se, quem me vier lavar o traseiro.

EURÍPIDES

Ágaton, já que não estás disposto a prestares-te tu próprio a esse
papel, ao menos empresta-nos um manto[66] e um corpete, para este tipo   250
vestir. Não me vais dizer que não tens.

ÁGATON

Peguem lá! Sirvam-se! Não digo que não.

PARENTE

Em que hei-de pegar?

EURÍPIDES

Em quê que há-de ser? Primeiro, esta túnica cor de açafrão...
pega, veste-a.

PARENTE
(Vestindo a túnica.)

Por Afrodite, que rico cheirinho à... coisa! Anda, aperta-ma!   255

---

[66] O ἱμάτιον era um manto, formado de um rectângulo de tecido pregueado e enrolado
à volta do corpo (cf. v. 567).

EURÍPIDES
(A Ágaton.)

Passa cá o corpete!

ÁGATON

Toma.

PARENTE

Vamos, arranja-me isso aí à volta das pernas.

EURÍPIDES

É preciso uma redinha e um turbante.

ÁGATON

Aqui tens este barrete que eu uso de noite.

EURÍPIDES

Sim, caramba, está mesmo a matar.

PARENTE
(Pondo o barrete.)

260   Fica-me bem?

EURÍPIDES

Se fica! Uma maravilha! (*A Ágaton.*) Passa cá uma capa[67].

---

[67] O ἔγκυκλον é uma pequena capa arredondada, usada pelas mulheres (cf. v. 499, *Lisístrata* 113, *Mulheres na assembleia* 536).

ÁGATON

Pega nela, aqui no sofá.

EURÍPIDES

Faltam os sapatos[68].

ÁGATON

Aqui tens estes meus, pega lá.

PARENTE
(Experimentando os sapatos.)

Será que me servem? Estou a ver que não gostas deles largos.

ÁGATON

Tu lá sabes! Bem, já tens o que te é preciso. Depressa, rodem-me   265
lá para dentro[69]! (*Ágaton reentra em casa sobre a estrutura rolante.*)

EURÍPIDES

Cá temos o nosso homem com ar de mulher. Se falares, dá à voz
um tom bem feminino, que convença.

PARENTE

Vou tentar.

---

[68] Os ὑποδήματα eram sandálias presas ao pé por tiras cruzadas, mas dava-se a
mesma designação a um sapato que envolvia todo o pé.

[69] Cf. *supra* nota 33.

EURÍPIDES

Vamos, põe-te a andar.

PARENTE

270   Não, caramba, se não me jurares...

EURÍPIDES

O quê?

PARENTE

Que me salvas, por todos os meios, se me vir em apuros.

EURÍPIDES

Juro pelo éter, morada de Zeus.

PARENTE

O que é o mesmo que jurar pelo prédio de Hipócrates[70]?

---

[70] Esta comparação significa que a jura feita pela 'morada de Zeus' não tem nenhum valor. A jura de Eurípides é expressa com um verso de uma das suas tragédias perdidas, *Melanipa* (fr. 487 N²). Cf. *Rãs* 100, 311, onde estas palavras do trágico nos aparecem como modelos famosos de arroubos de estilo, reveladores do talento congénito de Eurípides. Só por ironia a 'morada de Zeus' sugere ao Parente 'o prédio de Hipócrates' e os seus habitantes, os três filhos desse general que tinham fama de estúpidos. Quanto a Hipócrates, o escoliasta informa de que se tratava do filho de Arifron, um sobrinho do grande Péricles, general na década de 20 do séc. V e morto na guerra em 424 (cf. Tucídides 4. 101. 2). J. van Leeuwen (*Thesmophoriazusae*, Leiden, 1968, 46) aventa a hipótese de se tratar de qualquer edifício insólito, capaz de atrair a atenção dos cidadãos da época, e cita a propósito *Pluto* 180, em que se faz referência a uma 'torre de Timóteo', construção que este general dedicara à Fortuna.

EURÍPIDES

Então juro pelos deuses todos sem excepção.

PARENTE

Mas lembra-te disto: quem jurou foi o teu espírito, não foi a tua   275
língua que jurou, nem eu a obriguei a empenhar a palavra[71].

EURÍPIDES

Deixa lá isso! Despacha-te, depressa! Já se vê o sinal da assembleia
no Tesmofórion. Vou-me embora.
(*Eurípides afasta-se e o Parente encaminha-se para o
Tesmofórion[72].*)

---

[71] Estes dois versos contêm uma paródia de Eurípides, *Hipólito* 612. Cf. *Rãs* 101-
-102, 1471. Dentro do contexto original, as palavras de Hipólito têm uma integração perfeita
e nada encerram que seja susceptível de reprovação moral. Apenas Hipólito, perante a
revelação que a Ama lhe fizera da paixão culpada de Fedra, exprime repulsa em guardar
segredo deste amor que o insulta, mesmo que a boca se lhe tenha comprometido num
juramento. De resto, apesar da revolta, Hipólito sofre em silêncio a maldição do pai e
caminha para a morte fiel à palavra dada. O aproveitamento que Aristófanes faz deste
verso conduz, porém, à noção de perjúrio subjacente às palavras do herói, e é mais uma
pincelada no retrato do Eurípides impulsionador da imoralidade social. Cf. a interpretação
inversa de H. C. Avery ('My tongue swore, but my mind is unsworn', *TAPhA* 99, 1968, 19-
-35), que, contrariando a própria evidência dos textos, pretende reduzir a matéria literária
o diferendo cómico entre Aristófanes e Eurípides.

[72] A acção, a partir deste momento, decorre no Tesmofórion. A. W. Pickard-Cambridge
(*The theatre of Dionysus in Athens*, Oxford, 1956, 66) supõe que a construção murada do
recinto teria uma entrada central e devia erguer-se sobre uns degraus. Por volta do v. 280,
um arauto saía do Tesmofórion, enquanto o coro e outras mulheres, munidas de tochas,
Por volta do v. 277, o manuscrito de Ravena regista, à margem, uma anotação cénica que
diz: ὀλολύζουσι. Τὸ ἱερὸν ὠόεῖται: 'as mulheres soltam o grito sagrado. Um altar é
trazido para a frente'. Ὀλολύζουσι explica a despedida apressada de Eurípides e do
Parente (vv. 277-279), e o altar, que então sairia da parte central do Tesmofórion, devia ser
o local em que Mnesíloco vai depor as suas oferendas e onde mais tarde (v. 695) se refugia.
Ainda a propósito do v. 277, o escoliasta diz ἐκκυκλεῖται ἐπὶ τὸ ἔξω τὸ Θεσμοφόριον,
o que leva a pensar que o altar fosse trazido sobre o ἐκκύκλημα. Cf. Pickard-Cambridge,
op. cit., 104-106.

PARENTE
(A uma serva imaginária.)

280   Por aqui, Trata[73], vem comigo, por aqui. Ó Trata, olha os archotes a arderem e tanta gente que vem a subir debaixo daquela fumarada. *(Depois de chegar junto do altar.)* E vós, belas Tesmofórias, acolhei-me em boa hora aqui e no regresso a casa. Ó Trata, pousa a cesta no chão,
285 tira o bolo[74] e dá-mo cá, para eu o sacrificar às duas deusas. *(Finge estar a proceder ao ritual das oferendas.)* Venerada Deméter, senhora digna de todas as honras, e tu, Perséfone, tenha eu muitas e muitas vezes de te fazer sacrifícios, se escapar desta despercebido. Que a minha filha, a
290 Passarinha, arranje um marido rico, e, além disso, estúpido e parvo, e aqui à Dona Pilinha não falte tento e juízo. *(As mulheres que chegam vão-se acomodando nos lugares.)* Mas onde, onde está um bom lugar para me sentar e ouvir as oradoras? *(Finalmente acomoda-se.)* E tu, Trata, põe-te a mexer, desaparece daqui. Aos escravos não é permitido ouvir os discursos[75].

CRITILA

295   Silêncio! Silêncio! Invoquem as Tesmofórias, Pluto[76], a Caligenia[77], a Ama da Juventude[78], Hermes e as Graças. Que esta
300 assembleia, que este conselho hoje aqui decorra com aprumo e com
305 sucesso, para benefício da cidade dos Atenienses, e de bom augúrio para

---

[73] Coulon (*Les Thesmophories*, Paris, 1948-1954, 30) admite que Trata é uma serva imaginária a quem o Parente finge dirigir a palavra. Mas K. J. Dover (*Aristophanic Comedy*, London, 1972, 28) vê em Trata um exemplo de personagens mudas, actores extra, que o texto denuncia. Trata ('moça da Trácia') é nome comum para uma escrava, tanto na vida real como na ficção cómica: cf., *e. g.*, *Acarnenses* 273, *Vespas* 828, *Paz* 1138.

[74] O πόπανον era uma espécie de bolo que se queimava nos sacrifícios.

[75] Segundo Iseu (6. 50) 'os escravos não tinham direito de entrar no templo, nem de ver o que lá se passava' (o que possivelmente não era totalmente verdade para as Tesmofórias). No entanto, Mnesíloco manda embora a escrava (vv. 293-294), quando as mulheres se reúnem para a assembleia; mas algumas das participantes no festival têm escravas consigo (vv. 537, 609, 728), que possivelmente na altura da assembleia se afastam.

[76] Pluto, o deus da riqueza e da fertilidade, era filho de Deméter e de Iásion (cf. Hesíodo, *Teogonia* 969-973) sempre concebido como jovem. Era sua insígnia a cornucópia.

[77] Καλλιγένεια é um epíteto de Deméter, que significa 'a deusa da bela progenitura'. Era esta a designação do terceiro dia do festival das Tesmofórias (cf. *supra* nota 31).

[78] Segundo Coulon (*op. cit.*, 31), este epíteto refere-se, no caso presente, à Terra; pode, no entanto, ser igualmente aplicado a Afrodite, Ártemis e Hécate.

nós. E aquela que, por actos ou palavras, se impuser ao povo dos
Atenienses e das mulheres, essa será a vencedora. Sejam estas as vossas   310
preces, e pedi também pela vossa felicidade. Eh Péan! Eh Péan! Eh Péan!
Haja alegria!

CORO[79]

Assim seja! Suplicamos à estirpe divina que nos mostre o seu
regozijo com as nossas preces. Zeus glorioso, e o deus da lira doirada,   315
senhor da sagrada Delos, e tu, virgem toda poderosa, de olhos garços, de
áurea lança, que habitas esta cidade tão disputada, vem até nós; e tu,   320
deusa de muitos nomes, caçadora de feras, rebento de Leto de olhos
doirados[80]; e tu, deus do mar, venerável Posídon, senhor das águas
marinhas, deixa as revoltas profundezas piscosas; e vós, filhas de Nereu,   325
o deus marinho, e vós, Ninfas, que vagueais nas montanhas. Que a lira
doirada acompanhe as nossas preces. E, enfim, demos início à nossa
assembleia, ilustres mulheres atenienses.   330

CRITILA

Invocai os deuses e deusas olímpicos, os deuses e deusas píticos,
os deuses e deusas délios, e os outros deuses. E todo aquele que tramar   335
algum ataque contra o clã feminino ou que entre em negociações com
Eurípides e com os Medos[81] em prejuízo das mulheres; ou que tenha

---

[79] O coro, formado por celebrantes das Tesmofórias, inicia o párodo. Toda a cena
que se segue é uma paródia da assembleia do povo, em estilo e formalidades. Com Critila
no papel de sacerdotisa, a um momento de silêncio sucedem-se as tradicionais invocações
aos deuses e imprecações contra os inimigos públicos. Mas se a execração contra aqueles
que pactuavam com os Persas ou defendiam a tirania fazia parte das preces oficiais da
assembleia (cf. Coulon, *op. cit.*, 32; Sommerstein, *Thesmophoriazusae*, Warminster, 1994,
178), jocosamente a comédia acrescenta, à cabeça da lista e em pé de igualdade com os
inimigos de Atenas e da Grécia, o nome de Eurípides, o principal adversário das mulheres.
Terminados os preliminares com uma tirada cómica, em que são as próprias mulheres a
reconhecer a sua inferioridade (v. 371), dá-se início ao *agôn*, que se desenvolve com
discursos subordinados ao tema, isto é, o castigo a aplicar a Eurípides, inimigo incontestável
do clã feminino.

[80] Depois de Zeus são invocados, com as perífrases habituais, Apolo, Atena e Ártemis.

[81] Pretende Coulon (*op. cit.*, 9) ver neste passo uma das raras alusões políticas da
peça, a um possível projecto de acordo dos Atenienses com os Persas, para obterem auxílio
monetário contra os Lacedemónios (cf. Tucídides 8. 53). Porém, esta ajuda era muito

340 intenção de ser tirano ou de contribuir para repor o tirano; ou que denuncie uma mulher que tenha um filho suposto[82]; ou a escrava, que corrompa a senhora, e vá contar tudo ao patrão; ou aquela que, quando a encarregam de levar uma mensagem, só diga mentiras; ou o amante que engane uma
345 mulher com falsas palavras e não dê o que promete; ou a velha que dê presentes ao amante; ou também a cortesã que os receba e vá trair o amigo; ou o taberneiro ou taberneira que roube a medida legal da canada ou do copo[83]; fazei votos que todos rebentem de má morte, eles e a família. E vós, suplicai aos deuses que vos concedam as melhores venturas.
350

CORO

Assim seja! Que se cumpram plenamente esses votos para a cidade
355 e para o povo. Que os melhores prémios caibam àquelas que vencerem pela eloquência. Mas as que usarem de falsidade e violarem os juramentos
360 rituais em seu proveito e prejuízo nosso; ou as que tentarem revolucionar
365 os decretos e a lei e revelarem os segredos aos nossos inimigos[84]; ou as que fizerem avançar os Medos contra o país, em prejuízo nosso; essas são ímpias e culpadas para com a cidade. E que tu, Zeus todo-poderoso,
370 patrocines estes votos, para que os deuses nos sejam propícios, apesar de sermos mulheres.

---

onerosa para a cidade de Atenas, porquanto os Persas exigiam a substituição da democracia por uma oligarquia no governo da cidade. É uma referência a este facto que K. J. Dover (*Aristophanic Comedy*, London, 1972, 171) entrevê nos vv. 1143-1144, quando o Coro, invocando Atena, a refere como a deusa que justamente odeia os tiranos.

[82] Dado o carácter convencional do casamento entre os Gregos e o âmbito limitado da vida da mulher, poucos vínculos podiam ligar o casal. Daí a grande importância que os filhos tinham como garantia dos laços familiares, o que levava a mulher, se era estéril, a comprar uma criança que fazia passar por sua (cf. vv. 407 sqq., 502 sqq., 564 sq.).

[83] O χόος era uma medida para líquidos, que equivalia a cerca de três litros e um quarto. A canada, que corresponde a dois litros, é, entre nós, a medida que mais se aproxima (cf. v. 746).

A κοτύλη era uma outra medida usada para sólidos e líquidos e equivalia a cerca de um quarto de litro (cf. v. 743).

Para o tema das mulheres bêbadas, a que Aristófanes alude com frequência, cf. vv. 393, 556 sq., 630 sqq., 733 sqq., *Lisístrata* 113 sq., 195-239, 465 sq., *Mulheres na assembleia* 14, 132 sqq.

[84] Ou segredos de Estado aos inimigos de Atenas, ou segredos pessoais aos inimigos das mulheres.

CRITILA
(De pé, lendo a proclamação.)

Oiçam todas! Eis a decisão do conselho das mulheres, que teve
como presidente Timocleia, como secretária Lisila e oradora Sóstrata[85]:
que se faça uma assembleia na manhã do segundo dia das Tesmofórias,   375
em que temos mais tempo, para se deliberar, primeiro que tudo, sobre
Eurípides, que castigo se há-de dar a esse cavalheiro. Que ele é culpado,
estamos todas de acordo. Quem quer tomar a palavra?

MICA
(Que se levanta e avança.)

Eu!   380

CRITILA

Então, antes de falares, põe esta coroa na cabeça[86].

CORIFEU
(Às companheiras.)

Silêncio! Calem-se! Atenção! Já está a pigarrear como fazem os
oradores. Grandes coisas tem para dizer, com certeza.

MICA

Pelas duas deusas, não foi por ambição – nem por sombras! –
que me levantei para falar, minhas senhoras. Mas há já muito tempo que   385

---

[85] O decreto que é proclamado de seguida parodia as fórmulas oficiais da Assembleia.
De notar que os nomes atribuídos à presidente, secretária e oradora são comicamente
falantes: Timocleia 'nobre e ilustre', Lisila 'a que resolve as questões' e Sóstrata 'a que
salva o exército'.

[86] Este procedimento era comum entre os oradores públicos (cf. *Cavaleiros* 1227,
Aves 463, *Mulheres na assembleia* 148, 163); usavam ainda a coroa as vítimas nos sacrifícios
(*Nuvens* 256 sq.) e os participantes em banquetes e orgias (cf. *Acarnenses* 551, *Mulheres
na assembleia* 691, 844).

eu – pobre de mim! – fervo de vos ver enxovalhadas por Eurípides, esse filho de uma hortaliceira[87], e de ouvir toda a casta de injúrias. Haverá algum insulto com que esse tipo nos não tenha brindado? E calúnias?

390 Seja onde for, desde que haja uma meia dúzia de espectadores, actores e coros, lá começa ele a chamar-nos levianas, doidas por homens, bêbadas,

395 traidoras, tagarelas, uns zeros, a desgraça completa dos maridos. De tal maneira que eles, mal saem das bancadas do teatro[88], põem-se a olhar para nós com desconfiança e logo a ver se descobrem algum amante escondido em casa. Já não podemos fazer coisa alguma do que fazíamos

400 dantes, tais foram as misérias que esse fulano ensinou aos nossos maridos. Assim, se uma mulher entrelaça uma coroa, pensam que está apaixonada[89]; se, na lida da casa, deixa cair qualquer coisa, o marido põe-se a perguntar: 'Em quem estavas tu a pensar, quando deixaste cair

405 a panela? No hóspede de Corinto, não pode deixar de ser!' Adoece uma rapariga e logo o irmão começa a dizer: 'A cor desta rapariga não me agrada'. Mas tem mais. Uma mulher sem filhos quer arranjar um suposto,

---

[87] Cf. v. 456, *Acarnenses* 478, *Rãs* 840, 946-947. Não sabemos se é falsa ou verdadeira esta alusão à mãe de Eurípides, Clito, porquanto os testemunhos são discordantes: Teopompo confirma esta referência, ao passo que Filócoro a refuta, atribuindo a Clito nascimento ilustre. No entanto, parece que, para atingir o seu fim cómico, o gracejo deve ter qualquer fundamento real.

[88] Em data muito recuada, princípios do séc. V a. C., começaram a usar-se no teatro assentos de madeira, apoiados em estrados que se designavam por ἰκρία (como diz o texto). No entanto, A. W. Pickard-Cambridge (*The theatre of Dionysus in Athens*, Oxford, 1956, 11 sqq.) chama a atenção para que, em dois passos da Comédia Antiga *(Tesmofórias* 395; Cratino fr. 360 K.-A.), se atribui essa mesma designação aos lugares ocupados pelos espectadores, e não já apenas aos suportes da construção. A deterioração destas bancadas de madeira levou posteriormente, em data incerta, à construção de teatros de pedra.

[89] J. van Leeuwen (*Thesmophoriazusae*, Leiden, ²1968, 58) comenta, a respeito deste passo, que nada haveria de cómico nestas palavras se não parodiassem cenas da tragédia euripidiana, que nos são, no entanto, difíceis de localizar. A única que podemos identificar com certeza é aquela a que aludem os vv. 403 sq., onde 'pelo hóspede de Corinto' são palavras de Estenebeia, tomada de amor por Belerofonte, na peça do mesmo nome (fr. 664 N²). Ateneu (427e) explica-nos o sentido destas palavras: seguindo o uso de compartilhar com os mortos toda a comida que caía da mesa, Estenebeia, convencida da morte de Belerofonte, a cada passo revelava a recordação do homem que trazia no coração. A frase banalizou-se, a ponto de vir a aplicar-se no jogo do cótabo (cf. Hesíquio, s. v. Κορίνθιος ξένος; Cratino fr. 299 K.-A.). Note-se ainda que o v. 413 pertence à tragédia *Fénix* de Eurípides (fr. 804N²). A situação cómica das mulheres encarceradas no gineceu recorda a criação que Eurípides fez de Dânae, também ela prisioneira numa torre. Finalmente, o processo dos venenos, a que a oradora dá relevo no v. 430, não pode deixar de lembrar o caso famoso de Medeia. Não há dúvida, portanto, que Aristófanes sugere neste passo uma série de cenas criadas por Eurípides, que gozavam de grande popularidade entre os Atenienses.

e já nem isso pode esconder. Os homens agora andam sempre de olho
em cima delas. Aos velhos que dantes se casavam com raparigas, foi-   410
-nos difamar, de maneira que nenhum velho quer casar com uma mulher
por causa deste verso: 'Velho que de amores se abrasa, patroa tem em
casa'. E não fica por aqui: por causa desse fulano agora põem ferrolhos   415
e trancas nos quartos das mulheres, para nos guardarem, e, além disso,
criam cães molossos, o papão dos amantes. Mas, enfim, até aí ainda vá.
Mas tudo aquilo que nos competia antigamente, governar a casa, ir à
despensa buscar a farinha, o azeite, o vinho, já não nos é permitido.   420
Agora são os homens que trazem umas chavezinhas secretas – malditas
chaves! – da Lacónia[90], com três dentes. Antigamente ainda podíamos
mandar fazer, por três óbolos, um aro[91] para abrir a porta às escondidas.   425
Mas agora, esse Eurípides, a desgraça das nossas casas, ensinou-lhes a
trazerem consigo uns sinetes de pau carunchoso. Por isso, parece-me
que temos de arranjar maneira de dar cabo do fulano, seja lá como for,
ou com veneno ou por qualquer outro processo que arrume com ele. Era   430
isto que eu queria dizer publicamente. O resto vou escrevê-lo aqui com
a secretária[92]. (*Mica regressa ao seu lugar.*)

CORO

Nunca ouvi mulher mais engenhosa do que esta, nem mais hábil   435
a falar. Tudo o que ela diz é justo. Examinou todos os aspectos da questão.
Ponderou tudo e, com inteligência, soube encontrar argumentos subtis,
bem arquitectados. A tal ponto que Xénocles, filho de Cárcino[93],   440
comparado com ela quando fala, vos havia de parecer a todas, garanto,
incapaz de dizer uma de jeito.

(*Avança a Florista e põe a coroa na cabeça para falar.*)

---

[90] A designação que se dava a estas chaves, munidas de dois ou mais dentes, provinha
do lugar onde primeiro foram usadas.

[91] Segundo informação de Coulon (*Thesmophories*, 36), este aro era uma espécie de
selo em forma de anel, que imitava o sinete com que o marido fechava as portas. Os selos
de madeira carunchosa, corroídos, eram mais difíceis de imitar do que aqueles que
habitualmente se usavam, de cera.

[92] O discurso encerra-se com uma fórmula característica daqueles que faziam
publicamente uma acusação, para dizer que é preferível registar por escrito factos demasiado
graves para serem expressos verbalmente.

[93] Cf. *supra* nota 55.

FLORISTA

Vim aqui para dizer apenas algumas palavras. Tudo o mais já ela
445   o expôs e muito bem. Mas o que eu própria sofri, é isso que vos quero
contar. Morreu-me o marido em Chipre e deixou-me cinco filhos
pequenos, que eu lá ia sustentando, como podia, a fazer coroas no
mercado das flores[94]. E, desde então, lá os fui sustentando menos mal.
450   Mas agora esse fulano, que trabalha em tragédias[95], convenceu os homens
de que não há deuses[96]. De maneira que já não vendemos nem metade. É
por isso que neste momento quero recomendar e dizer a todas que, por
455   muitas razões, esse cavalheiro tem de ser castigado. É bravio a atacar-
-nos, mulheres, como bravias são as hortaliças em que foi criado[97]. Agora
vou-me embora para a ágora. Tenho de entrelaçar umas coroas de
encomenda para uma vintena de sujeitos[98].

(Sai.)

CORO

460   Ora aqui está outro espírito decidido, que se mostrou ainda mais
subtil do que o anterior. Não foi a despropósito todo aquele paleio: falou
com senso e espírito arguto, sem arrebiques, mas de modo convincente.
465   Temos de aplicar a esse homem um castigo que se veja, pelo seu desaforo.

---

[94] Em ático, era habitual o nome dos artigos vendidos para designar os locais onde
se realizava esse comércio, o que leva à conclusão de que as lojas ou tendas, que vendiam
a mesma mercadoria, se agrupavam no mesmo lugar (cf., *e. g.*, *Cavaleiros* 1375, *Mulheres
na assembleia* 303).

[95] Esta forma de dizer popular caracteriza a pessoa que fala; a sua comicidade está
no facto de pôr em pé de igualdade Eurípides, que 'trabalha em tragédias', com a própria
florista que 'trabalha em flores'.

[96] Para um ataque semelhante à impiedade de Eurípides, cf. *Rãs* 889-894. Dentro da
comédia, Eurípides, juntamente com Sócrates (cf. *Nuvens* 247 sq., 264 sqq.), tornam-se
símbolos da impiedade e ateísmo contemporâneos, e responsáveis pela propagação das
novas teorias entre as camadas mais jovens. À afirmação simplista e radical desta vendedeira
de flores reduz Aristófanes a complexidade da reflexão crítica a que Atenas assistia no
momento, e que não estava, obviamente, no âmbito da comédia explorar.

[97] Cf. *supra* nota 87.

[98] Se o negócio de coroas está em crise em relação aos deuses, mantém-se florescente
no que toca aos homens (cf. *supra* nota 86).

(É a vez de o Parente se aproximar para usar da palavra.)

PARENTE

Minhas senhoras, que estejam, depois destas barbaridades que ouvimos, irritadas de sobra contra Eurípides, a ferver até, não é de admirar. Pela minha parte – pela felicidade dos meus filhos! – detesto esse tipo.   470 Como não... só se me passasse alguma pela cabeça. No entanto, temos de trocar impressões umas com as outras. Estamos sós, nem uma palavra sai daqui. Como é que vamos acusar o sujeito e ficar irritadas, lá porque disse duas ou três das nossas patifarias, quando ele bem sabe que as   475 fazemos aos milhares? Eu própria, em primeiro lugar, para não falar de mais nenhuma, bem conheço as minhas tratantadas, que são muitas. Há uma entao que é a pior de todas: estava eu casada há três dias e o meu marido dormia ao meu lado. Mas eu tinha um amante, que me tinha   480 desflorado aos sete anos. Com as saudades, veio-se pôr à minha porta e começou a esgadanhar. Dei logo por ela. Mandei-me escada abaixo pé ante pé e o meu marido perguntou: 'Onde vais?' 'Onde vou? Estou com uma dor de barriga, homem, sinto-me mal. Tenho de ir à retrete'. 'Vai lá,   485 vai'. E pôs-se logo a esmagar uns grãos de zimbro, endro e salva. Eu deitei águas nos ferrolhos[99] e fui ter com o meu amante. Plantei-me à beira do altar do Agieu, e curvei-me, encostada ao loureiro[100]. E um caso   490 destes, vejam bem, nunca o denunciou Eurípides. Nem que nos entregamos a escravos e almocreves, quando não temos outra coisa, lá isso também não diz. Nem que, quando andámos a noite inteira na grande pândega com um qualquer, de manhã nos pomos a mastigar alho, para o   495 marido, quando voltar da sentinela, não desconfiar, pelo cheiro, que tenhamos feito algo de mal. Isto, vejam bem, também ele não disse. Se insulta Fedra[101], que é que isso nos importa? Também ainda não contou aquela outra história da mulher que se pôs a mostrar ao marido a capa, para ele ver à luz do dia, e entretanto fez escapar o amante, embuçado.   500

---

[99] Para evitar que os ferrolhos chiem, sem deixar vestígios, a pérfida mulher deita água nas dobradiças, em vez de azeite (cf. Plauto, *Gorgulho* 160).

[100] Apolo Agieu era o 'deus das ruas', e nesta acepção era frequentemente homenageado, tal como Hermes e Hécate, defronte das casas, com um altar ou com um pilar. O altar que, no teatro, se via em cena, representava habitualmente este culto a Apolo Agieu (*vide* Pólux 4. 123). Cf., *e. g.*, v. 748, *Vespas* 875; Menandro, *Díscolo* 659. No caso presente, o altar ficava junto de um loureiro, a árvore consagrada a Apolo. Na sua história, o Parente envolve obscenidade, adultério e sacrilégio.

[101] *Vide supra* nota 49.

Essa também ele não contou. E outra mulher conheço eu que, durante dez dias, andou a dizer que estava com dores de parto, até comprar um miúdo. O marido dava voltas a ver se encontrava qualquer coisa para

505 acelerar o parto. Uma velha lá o trouxe, o miúdo, numa panela, com um favo de mel na boca para não gritar. A um sinal da velha que o trazia, a mulher põe-se a berrar: 'Sai daqui, sai daqui, homem, depressa! Acho que vou dar à luz.' É que o miúdo tinha dado um pontapé no bojo da

510 panela. Ele sai a correr todo contente e ela vá de tirar o favo da boca do miúdo, que começou a gritar. Logo o estafermo da velha, que tinha trazido a criança, corre para o marido, toda sorridente, e diz-lhe: 'É um leão, é

515 um leão que te nasceu! E o teu retrato chapado! Além de tudo o mais, até a pilinha é parecida com a tua, redonda como uma pinha'. Não fazemos nós estas patifarias? Sim, cos diabos, se fazemos! E depois viramo-nos contra Eurípides, quando não estamos a levar mais do que merecemos[102].

(*Regressa ao seu lugar.*)

CORO

520 Isto é de pasmar! Onde é que se foi desencantar semelhante criatura?
Em que terra terá nascido uma atrevida assim? Dizer coisas destas – a

525 safada – em público! É o cúmulo do descaramento! Nunca pensei que se atrevesse a tal, na nossa frente. Mas tudo pode acontecer. Já estou como

530 aquele provérbio antigo: 'Debaixo de cada pedra é preciso espreitar, para não se ser mordido por um…orador'[103]. Pior do que as mulheres descaradas por natureza, não há nada, mesmo nada, a não ser a própria mulher.

MICA
(Que se levanta indignada.)

Não, minhas senhoras! Por Aglauro[104], vocês não estão a ver as coisas como elas são! Ou foi bruxedo ou vos aconteceu outra desgraça

---

[102] Paródia de Eurípides, *Télefo* (fr. 711 N²). Cf. Introdução, 16-20.

[103] Aristófanes usa neste momento uma παρὰ προσδοκίαν : em vez do esperado 'escorpião', o perigo é o 'orador', adequando o provérbio às circunstâncias. Segundo o escoliasta (*apud* J. van Leeuwen, *Thesmophoriazusae*, Leiden, 1968, 70), o comediógrafo está a parodiar uma frase proverbial que dizia: ὑπὸ παντὶ λίθῳ σκορπίον, ὦ ἑταῖρε, φυλάσσεο: 'Debaixo de cada pedra há sempre um escorpião. Amigo, cuidado'.

[104] Aglauro era o nome de uma das filhas de Cécrops, rei mítico de Atenas, cuja memória se mantinha viva no culto da deusa Palas. *Vide* R. Graves, *The Greek myths*, Bucks, reimpr. 1977, 96-100.

qualquer! Deixar esta peste insultar-nos assim, a todas nós! (*Dirigindo-*   535
-se ao público.) Se há algum de vocês que... Se não há, vamos nós
mesmas e as nossas escravas arranjar, em qualquer lado, umas cinzas
para lhe tirarmos os pêlos das vergonhas, para ela aprender, já que é
mulher, a não dizer mal das mulheres daqui em diante.

PARENTE

Isso não, as vergonhas não, minhas senhoras! Se a liberdade de   540
expressão existe, se todas nós, cidadãs aqui presentes, podemos falar,
pois então eu disse o que me pareceu justo acerca de Eurípides: e por
isso mereço que vocês me arranquem os pêlos de castigo?

MICA

Não mereces castigo? Tu, a única que se atreveu a defender um   545
homem, que tanto mal nos fez, que se pôs de propósito à procura de
argumentos em que aparecia uma mulher perversa, e a criar Melanipas e
Fedras? Mas Penélope[105], nunca ele fez nenhuma, só porque parecia ser
uma mulher sensata.

PARENTE

Eu sei a razão disso. É que, hoje em dia, Penélope não se pode
apontar uma única entre as mulheres, mas Fedras são todas sem excepção.   550

---

[105] Melanipa e Fedra, tal como são apresentadas na cena euripidiana, converteram-
-se, na perspectiva da comédia, em modelo de mulheres perversas, por oposição à dignidade
tradicional que é apanágio de Penélope, fiel esposa de Ulisses. Ambas transgrediram, pelo
menos na aparência, o código social aceite para a condição feminina. Melanipa, vítima do
amor divino de Posídon, dá à luz dois gémeos, que se vê compelida a abandonar. Sugere
assim uma aparência de deboche. Perante a decisão de seu pai de matar as crianças, Melanipa
empreende, num caloroso discurso, a defesa das vítimas, que culminará com a revelação
da sua verdadeira progenitura. Tal era, nas suas linhas gerais, o tema desenvolvido por
Eurípides em duas tragédias que lhe dedicou: *Melanipa Sábia* e *Melanipa Prisioneira.*
Sobre Fedra, cf. *supra* nota 49.

MICA

Estão a ouvir, minhas senhoras, o que esta safada disse de todas nós outra vez?

PARENTE

Sim, raios me partam, e ainda não disse tudo o que sei. Querem que eu diga mais?

MICA

Já não tens mais nada para dizer. O que sabias, já deitaste tudo cá para fora.

PARENTE

555   Não, poça, nem a milésima parte do que fazemos. Por exemplo, não disse que pegamos num raspador e aspiramos o vinho[106]...

MICA

Má morte te leve!

---

[106] A στλεγγίς era um raspador com que se esfregava a pele depois do banho ou no ginásio. Por vezes este raspador tinha um cabo oco, para deixar correr o suor que se raspava. Deverá ser este o tipo de objecto, de resto de uso masculino, aqui referido, mas parodicamente usado pelas mulheres para aspirarem alguma coisa da despensa. Sommerstein mantém e defende a leitura οἶτον, onde a maioria dos editores prefere a versão οἶνον, alusiva ao vício das mulheres por vinho (cf. *supra* nota 83). Pessoalmente prefiro seguir esta última versão.

PARENTE

Nem que as carnes das Apatúrias[107] as damos às alcoviteiras, e depois dizemos que a doninha[108]...

MICA

Pobre de mim! Que disparate!

PARENTE

Nem que uma outra matou o marido à machadada, isso também   560
não disse. Nem que outra enlouqueceu o marido com mezinhas, nem que, uma vez, debaixo da banheira...

MICA

Raios te partam!

PARENTE

... uma acarnense[109] enterrou o pai.

MICA

Pode-se aturar uma coisa destas?

---

[107] As Apatúrias eram um festival anualmente realizado em homenagem a Zeus Frátrio e Atena Frátria pelos membros das fratrias, uma espécie de confrarias que tomavam a seu cargo determinados cultos. Num dos dias do festival, as fratrias admitiam a inclusão de novos elementos, que eram os filhos dos cidadãos. Segundo se depreende deste passo de *Tesmofórias*, havia então distribuição de carne aos participantes nos sacrifícios rituais. Para além dos ritos religiosos, sabemos por Platão (*Timeu* 21b) que este festival incluía também um concurso de recitação.

[108] A doninha era considerada na época como um animal doméstico, no papel equivalente ao que actualmente tem o gato.

[109] Acarnas era a maior freguesia (δημος) da Ática. A sua população de carvoeiros, grande vítima na guerra do Peloponeso, foi protagonista de uma das comédias de Aristófanes, *Os Acarnenses*.

PARENTE

565 Nem que tu, quando a tua escrava teve um filho, um rapaz, te
apropriaste dele e lhe deste em troca a tua filha[110].

MICA
(Ameaçadora.)

Pelas duas deusas, hás-de pagar-me o que estás para aí a dizer.
Vou-te arrancar essas crinas[111].

PARENTE

Não, nem penses, não me hás-de pôr a mão em cima.

MICA
(Que agride o Parente.)

Então toma!

PARENTE
(Que lhe devolve a pancada.)

Toma!

MICA

Segura-me aí na capa, Filiste.

---

[110] Dada a situação inferior da mulher na sociedade e os encargos que representava
a manutenção e casamento de uma filha, todo o grego aspirava a ter filhos varões. Daí que
a mulher recorresse a estratagemas vários, entre os quais a troca, para obter o filho que não
tinha (cf. *supra* nota 82).

[111] O verbo ἐκποκίζω, criado por Aristófanes para servir este passo, é formado do
substantivo ποκάς 'crina', que se refere ao pêlo dos animais, e só pejorativamente aos
cabelos humanos.

PARENTE

Experimenta só tocar-me, e palavra se eu…

MICA

O que é que fazes?

PARENTE

…esse bolo de sésamo que enfiaste na goela, faço-to deitar cá   570
para fora.

CRITILA

Deixem-se de insultos! Vem aí uma mulher ao nosso encontro,
toda apressada. Calem-se antes de ela cá chegar, para ouvirmos, em boa
ordem, o que tem para dizer.

CLÍSTENES[112]
(Que chega apressado.)

Minhas senhoras, minhas caras amigas, parentes minhas por
afinidade de costumes, que sou vosso amigo, logo se me vê na cara. Sou   575
doido por mulheres, sempre fui o vosso procurador. Ainda há pouco
ouvi falar de uma questão grave que vos diz respeito, nas tagarelices da
ágora, e cá venho eu para vos trazer a notícia e prevenir-vos de que   580
estejam atentas e vigilantes, para não serem apanhadas de surpresa num
caso terrível, de monta.

CRITILA

O que é, meu rapaz? É melhor chamar-te rapaz, já que tens assim
a cara rapada.

---

[112] Cf. *supra* nota 65.

CLÍSTENES

585   Diz-se que Eurípides mandou cá um parente dele, um homem de idade, hoje.

CRITILA

Para fazer o quê? Com que intenção?

CLÍSTENES

Para espiar, nos vossos discursos, as decisões e deliberações que tomais.

CRITILA

E como é que ele, um homem, conseguiu passar despercebido no meio das mulheres?

CLÍSTENES

590   Foi Eurípides que o chamuscou e depilou e, quanto ao resto, vestiu-o de mulher.

PARENTE

Vocês acreditam no que ele diz? Haverá um homem assim tão estúpido que se deixe depilar? Cá por mim acho que não, pelas duas deusas muito veneráveis.

CLÍSTENES

595   És parva! Não era eu que cá vinha trazer a notícia, se não a tivesse ouvido de quem sabe o que está a dizer.

CRITILA

É grave o assunto que ele nos comunica. Companheiras, o que é preciso é não ficar de braços cruzados, mas espiar esse indivíduo e investigar onde ele se escondeu para continuar disfarçado no meio de   600
nós. (*A Clístenes.*) E tu, ajuda-nos a procurá-lo, para mereceres duplamente os nossos agradecimentos, tu, o nosso protector.

CLÍSTENES

Pois bem, todas vocês têm de ser investigadas.

PARENTE

Estou bem arranjado.

CLÍSTENES
(A Mica.)

Bem, vejamos, tu primeiro. Quem és tu?

PARENTE
(Que olha em volta, assustado.)

Para onde é que se pode escapar?

MICA

Queres saber quem eu sou? A mulher de Cleónimo[113].   605

---

[113] Possivelmente Aristófanes está a referir de passagem o nome de uma figura que é largamente atacada nas suas comédias mais antigas. No entanto, o comediógrafo ataca-o como glutão (*e. g.*, *Cavaleiros* 957-958, 1292-1293), gordo (*e. g.*, *Acarnenses* 88, *Vespas* 592), efeminado (*Nuvens* 673 sqq.) e, o que é mais grave, como cobarde, por ter abandonado o escudo no campo de batalha, o que era considerado como punível legalmente (cf. *e. g.*, *Cavaleiros* 1369-1372, *Vespas* 19-27, 822-823, *Paz* 444-446, 673-678, 1295-1304).

CLÍSTENES

Vocês conhecem esta mulher?

CRITILA

Conhecemos, sem dúvida. Inspecciona as outras.

CLÍSTENES

E quem é esta com uma criança ao colo?

MICA

É a minha ama, caramba!

PARENTE
(Que procura afastar-se.)

Estou perdido!

CLÍSTENES

610   Tu aí, onde é que vais? Espera lá! O que é que tens?

PARENTE
(Que se afasta, seguido de Clístenes.)

Deixa-me ir fazer chichi. Atrevido[114]!

---

[114] O Parente finge contorcer-se, de onde a pergunta de Clístenes. Obtida a autorização para se ausentar, Mnesíloco censura Clístenes como atrevido, por vê-lo no propósito de o acompanhar.

CLÍSTENES

Bem, vai lá fazer. Fico aqui à espera.

CRITILA

Espera, espera e de olho bem aberto. É esta a única, meu amigo,
que nós não conhecemos.

CLÍSTENES
(Já impaciente com a demora.)

Muito tempo demoras tu a fazer chichi.   615

PARENTE

Lá isso é, meu caro amigo, estou com retenção de urinas. É que
ontem pus-me a comer agriões.

CLÍSTENES

Que história é essa dos agriões? *(A empurrá-lo.)* E se tu viesses
aqui à minha beira?

PARENTE

Porque é que me empurras? Não vês que estou doente?

CLÍSTENES

Diz-me lá! Quem é o teu marido?

PARENTE

620   É o meu marido que queres saber? É um fulano, tu conhece-lo, um da freguesia de Cotócides[115].

CLÍSTENES

Um fulano? Qual?

PARENTE

É um fulano, que uma vez com outro fulano, filho de outro fulano...

CLÍSTENES

Cheira-me a disparate! Já cá tinhas vindo alguma vez antes?

PARENTE

Ora essa! Todos os anos.

CLÍSTENES

E quem é a tua companheira de tenda[116]?

PARENTE

625   É uma fulana que está comigo...

---

[115] Cotócides é um δῆμος da Ática. Como circunscrição administrativa, podemos fazê-lo equivaler à nossa 'freguesia'.

[116] Tanto nas Tesmofórias como em Elêusis, quando havia vigílias em homenagem às duas deusas, as mulheres pernoitavam em tendas.

CLÍSTENES

Deus nos valha! Não dizes uma que se aproveite.

CRITILA
(Que se dirige a Clístenes.)

Sai daí! Quem lhe vai fazer um interrogatório em forma sou eu, sobre as cerimónias do ano passado! E tu sai da minha beira para não ouvires, visto que és homem. *(Ao Parente.)* Tu. Diz-me lá, qual foi o primeiro ritual que nos mostraram?

PARENTE

Ora deixa cá ver então... qual era o primeiro? Bebemos!   630

CRITILA

E o segundo?

PARENTE

Fizemos brindes.

CRITILA

Ouviste essa a alguém. E o terceiro?

PARENTE

A Xenila pediu um jarro; é que não havia penico.

CRITILA

Não dizes nada de jeito! (*A Clístenes.*) Anda cá, anda cá, Clístenes!
635 É este o homem que dizes.

CLÍSTENES

O que é que hei-de fazer?

CRITILA
(A Clístenes.)

Despe-o! Não diz uma com pés e cabeça.

PARENTE
(Ao ver Critila e Clístenes dispostos a despi-lo.)

Então vocês vão despir assim uma mãe de nove filhos?

CLÍSTENES

Desaperta-me esse corpete, depressa, descarado!

CRITILA
(Que olha o Parente despido.)

640 Que mulher forte! Que atleta! Caramba, mas não tem maminhas
como nós!

PARENTE

É que sou estéril, nunca estive grávida.

CRITILA

Ai, agora!!! Ainda há pouco eras mãe de nove filhos.

CLÍSTENES

Põe-te direito! Onde é que meteste o teu coiso aí em baixo?

CRITILA

Olha-o ali a espreitar! E que linda cor que ele tem, coitadinho!

CLÍSTENES

Onde é que está?   645

CRITILA

Escapou-se outra vez lá para a frente.

CLÍSTENES

Não está deste lado.

CRITILA

Cá está ele outra vez aqui.

CLÍSTENES

É um istmo que aí tens, amigo. Andas com o teu coiso, para trás
e para a frente, mais vezes do que os Coríntios[117].

---

[117] Para facilitar a passagem entre os golfos Sarónico e de Corinto, os antigos levavam
os navios por uma estrada, através do istmo de Corinto, de um mar para o outro (cf. Tucídides
8. 3).

CRITILA

650   Ai, o estafermo! Era então por isso que ele defendia o Eurípides e nos insultava!

PARENTE

Ai que desgraça a minha! Em que sarilhos me vim meter!

CRITILA
(A Clístenes.)

Bom, e agora, o que é que havemos de fazer?

CLÍSTENES
(Antes de se retirar.)

Esse tipo, guardem-no bem, para ele se não escapar daqui. Pela minha parte vou comunicar tudo isto aos prítanes[118].

CORO

655   E nós, depois de uma destas, temos de acender já as tochas, apertar as túnicas como deve ser, à homem, tirar o manto e investigar se algum outro sujeito se terá cá metido[119], correr a Pnix[120] de uma ponta à outra e revistar as tendas e os caminhos. Vamos! Antes de mais, é preciso andar

---

[118] Em Atenas, os prítanes eram os cinquenta delegados, anualmente escolhidos por cada uma das dez tribos que compunham a cidade, para formarem o conselho dos quinhentos ou Senado. A presidência dessa assembleia era rotativa, sendo sucessivamente ocupada pelos representantes de cada uma das tribos, que dirigiam os assuntos públicos durante 35 ou 36 dias. Para melhor informação, cf. G. Glotz, *La cité grecque*, Paris, 1968, 198-200.

[119] Cf. *Acarnenses* 204-236, cena em que também Diceópolis é procurado por ter feito, por conta própria, uma trégua com os Espartanos. Sobre a inserção de ambas as cenas na paródia de *Télefo* de Eurípides, cf. Introdução, 17.

[120] A Pnix é a colina de Atenas, a ocidente da Acrópole, onde se realizavam as assembleias do povo e onde decorria igualmente o festival das Tesmofórias.

com pé ligeiro e esquadrinhar tudo, em silêncio. O essencial é não perder   660
tempo, porque o momento não é para hesitações. Que a primeira corra já
a fazer a ronda! Vamos! Depressa! Segue todas as pistas, rebusca tudo, a
ver se não há outro, bem escondido nestes lugares. Deita uma olhadela   665
por todo o lado, e vigia tudo bem vigiado, por dentro e por fora. Porque
se alguém for apanhado a cometer sacrilégio, há-de sofrer o castigo, e
mais, há-de ser para os outros homens um exemplo do que acontece aos   670
atrevidos, aos injustos e impiedosos. Há-de dizer que os deuses existem,
sem sombra de dúvida, há-de ensinar todos os mortais a venerarem as
divindades[121], a cumprirem, como deve ser, as leis dos homens e dos   675
deuses, preocupados em fazerem o bem. Se não agirem assim, já sabem:
que todo aquele que for apanhado a cometer impiedade, arda em delírio   680
e se enfureça de raiva, para fazer ver a todos, homens e mulheres, que o   685
deus castiga de imediato as ilegalidades e impiedades. Parece que
inspeccionámos tudo devidamente. Não vemos mais homem nenhum
entre nós.

(*O Parente rapta o bebé do colo de uma das mulheres, refugia-se com
ele no altar como refém e ameaça-o de morte.*)

MICA

Ei! Para onde te vais sumir? Tu aí, tu, páras ou não páras? Ai de   690
mim, que desgraça! Que desgraça! Arrancou-me o meu bebé do peito e
escapou-se.

PARENTE

Berra para aí! A este nunca lhe hás-de tu dar a papinha, se me não
libertarem. Mas aqui mesmo, em cima destas vítimas, com um golpe
desta faca, há-de encharcar de sangue o altar.   695

---

[121] Talvez se possa ver aqui uma alusão ao ateísmo de Eurípides (cf. *supra* nota 96),
ou simplesmente, ao racionalismo generalizado na época.

MICA

Ai de mim! Que desgraça! Ó mulheres, vocês não me acodem? Nem celebram a vitória em grandes gritos? O meu único filho, deixam--mo roubar assim?

CORO

700 Ai! Ai! Ó poderosas Parcas[122], que novo horror é este que vejo? Afinal tudo isto não passa de ousadia e descaramento. Fazer-nos uma destas, amigas, uma destas!

PARENTE

É assim que eu hei-de acabar com essas vossas peneiras!

CORO

705 Não é isto uma desgraça terrível, ou até mais do que isso?

MICA

É terrível mesmo, ter-me roubado assim o meu bebé.

CORO

Que mais se há-de dizer, quando o fulano tem o topete de fazer uma destas?

---

[122] As Μοῖραι, muito invocadas em juramentos, identificam-se com as Parcas latinas, porque também elas, e este facto já vem referido em *Odisseia* 7. 117-118, fiam, desde o nascimento, a linha da vida. Em *Teogonia* (vv. 904-906), Hesíodo dá-as como filhas de Zeus e Témis e aponta o seu nome: Cloto, Láquesis e Átropo. Mais tarde, Platão refere-se--lhes, em *República* 617 b 3, considerando-as como filhas de ᾿Ανάγκη, 'Necessidade'.

PARENTE

E ainda não acabei.

CORO

Só que vieste parar a um sítio, de onde te não vais escapar com   710
toda a facilidade, para ainda te ficares a gabar de te teres posto a mexer
depois de uma tratantada destas. Hás-de apanhar um castigo.

PARENTE

Isso é que não, de maneira nenhuma! Livra!

CORO

Mas qual, qual dos deuses imortais havia de tomar o teu partido e   715
aliar-se a uma injustiça dessas?

PARENTE
(Agarrado ao bebé.)

Perdem tempo com esse paleio. Esta é que eu não largo!

CORO

Pelas duas deusas, talvez dentro em pouco te não fiques a rir com
os teus insultos e blasfémias. Às tuas impiedades havemos de dar resposta,   720
como é justo. Bem cedo a sorte se te tornou adversa e mostra outra face.   725
(*A Mica.*) E tu já devias ter ido com estas mulheres apanhar lenha, para
queimar este patife e o reduzir a cinzas o mais depressa possível.

MICA
(À Ama.)

Vamos à lenha, Mânia. *(Ao Parente.)* Hei-de fazer-te em carvão hoje mesmo.

PARENTE
(Às mulheres.)

730   Acende! Queima! *(Ao bebé.)* E tu, toca a tirar essa roupa cretense[123], depressa. Pela tua morte, minha menina, acusa uma única mulher: a tua mãe. *(Espantado.)* Mas que é isto? A miúda transformou-se num odre cheio de vinho: e era isto que usava botas à persa[124] e tudo!
735   Ó mulheres danadas, perfeitas esponjas, capazes de todas as engenhocas para emborcarem uma pinga! Sois a felicidade dos taberneiros, e a nossa desgraça, e a desgraça da casa e do tear.

MICA
*(De regresso com a escrava, ambas carregadas
com um braçado de lenha.)*

Põe mais lenha, Mânia.

PARENTE

740   Põe mais! *(A Mica.)* E tu, responde-me cá a uma coisa. Este aqui, dizes tu que o deste à luz?

---

[123] O κρητικόν (*sc.* ἱμάτιον) era uma espécie de roupa curta e ligeira, segundo a moda que vigorava em Creta.

[124] As περσικαί (sc. κρηπῖδες) eram uns sapatos brancos que traziam, na Antiguidade, as mulheres em Atenas.

MICA

E andei grávida dez meses[125].

PARENTE

Grávida? Tu?

MICA

Homessa! Claro!

PARENTE

De três quartilhos, ou quê? Diz lá!

MICA

Que é que fizeste? Despiste-mo, descarado, o meu bebé, tão 745
pequerruchinho!

PARENTE

Tão pequerruchinho? Pequeno, vá! Quantos anos tem ele? Aí três
côngios ou quatro[126]?

---

[125] Os antigos contavam o tempo da gravidez pelos meses lunares (cf. Virgílio, *Écloga* 4. 61), cerca de 280 dias entre a concepção e o parto. Daí a diferença em relação à nossa contagem, que se baseia em meses solares.

[126] Parece-me oportuna a interpretação que Sommerstein (*op. cit.*, 202) dá deste passo. Estes 'côngios', na sua leitura, referem concretamente o segundo dia das Antestérias, um festival anualmente realizado em Fevereiro. Logo é esse o calendário usado para estabelecer a idade da criança / pipo. Mica confirma que a criança já ultrapassou as três Antestérias, tendo nascido por ocasião das Dionísias, ou seja sete meses antes das Tesmofórias; logo a sua idade é de 3 anos e 7 meses.

MICA

À volta disso, fora o tempo das Dionísias[127] para cá. Vamos, dá-mo.

PARENTE

(Apontando para a imagem de Apolo representada em cena.)

Não, por Apolo aqui presente!

MICA

Então vamos-te queimar.

PARENTE

750   Muito bem! Então queimem. Mas esta aqui, vou-lhe cortar as goelas e é para já.

MICA
(Em gesto de súplica.)

Isso não, por favor! Faz de mim o que quiseres, mas salva-a!

PARENTE

Lá mãe dedicada és tu por natureza! Mas nem por isso deixo de lhe cortar as goelas.

---

[127] Este importante festival destinava-se a honrar Dioniso Eleutereu e, já no séc. VI a. C., gozava de grande projecção. Nestes festejos, abertos a todo o mundo helénico, Atenas patenteava a sua supremacia no campo da arte dramática e da poesia lírica. O certame realizava-se no mês de Março. Para informação mais completa, *vide* A. Pickard-Cambridge, *The dramatic festivals of Athens*, Oxford, 1953, 55 sqq.

MICA

Ai de mim! A minha filha! Dá-me cá o vaso sagrado[128], Mânia,
para eu ao menos aparar o sangue da minha filha. 755

PARENTE

Põe-no por baixo. Faço-te esse favor, mas só esse[129].

MICA

Raios te partam! És mesmo um invejoso, um malvado.

PARENTE

E a pele, esta aqui, fica para a sacerdotisa[130].

CRITILA
(Que chega neste momento.)

O que é que fica para a sacerdotisa?

PARENTE
(Atirando-lhe o odre.)

Isto. Toma!

---

[128] O σφαγεῖον era o vaso em que se recolhia o sangue da vítima degolada, nos sacrifícios.

[129] O Parente consente em deitar algum vinho no vaso. Mas golpeia o odre com tanta determinação que o vinho se entorna, o que motiva o comentário irado daquela 'mãe dedicada'.

[130] O velho está a parodiar uma prática comum no ritual de sacrifício, em que a pele do animal era a gratificação que cabia à sacerdotisa que celebrava a cerimónia.

CRITILA

760   Ó Mica, ó desgraçadinha, quem te tirou a tua flor[131]? Quem te roubou a tua rica filha?

MICA
(Que se prepara para sair.)

Este malandro! Enquanto aqui estás, guarda-o bem, para eu ir buscar o Clístenes e dizer aos prítanes o que este tipo fez.

PARENTE
(Com os seus botões.)

765   Vejamos, que trama hei-de arranjar para me tirar de apertos? Que é que eu posso tentar? Que hei-de inventar? O culpado disto tudo meteu--me neste sarilho e agora não aparece. Bem, que mensageiro hei-de fazer
770   chegar até ele? Sei de um recurso, tirado do *Palamedes*[132]. Faço como ele: escrevo nos remos e atiro-os à água. Mas aqui não há remos. Onde é que hei-de ir arranjar uns remos? Onde? Onde? E se, em vez dos remos, eu escrevesse nestas tabuinhas que aqui estão e as atirasse aos quatro
775   ventos? É muito melhor. Pelo menos sempre são de madeira, como de madeira eram também os remos. Ó minhas mãos, tendes de meter mãos à obra, nesta difícil tarefa! Vamos, tabuinhas de madeira polida, recebei
780   os traços do estilete, mensageiros da minha desgraça. Ai de mim! Este R está complicado. Vamos lá, vamos lá! Que traço este! *(Atira as tabuinhas em redor.)* Vão-se embora, espalhem-se por todos os lados, por ali, por aqui. Mas depressa!

CORO

785   Vimos agora aqui junto de vós para dizer qualquer coisa em nosso abono. É que não há quem não diga o pior possível do sexo fraco: que

---

[131] A tradução 'quem te tirou a tua flor?' pretende salvaguardar o sentido equívoco do original, onde a pergunta significa simultaneamente 'quem te roubou a tua filha?' e 'quem te desflorou?'.

[132] Cf. Introdução, 20.

somos a ruína completa da humanidade, as culpadas de tudo, das discórdias, das questões, de divergências terríveis, do sofrimento, da guerra. Ora bem: se somos uma peste, porque é que vocês se casam connosco, se de facto somos mesmo uma peste? Porque é que nos proíbem 790 de sair, de pôr o nariz de fora e em vez disso se empenham em guardar a peste com tanto cuidado? Mal a pobre mulher sai, e vocês descobrem que ela está fora de portas, ficam completamente doidos; quando deviam mas era dar graças e esfregar as mãos de contentes por saberem que realmente a peste se tinha ido embora e já não a encontrarem lá dentro. Se passamos a noite em casa de alguém, cansadas de uma festa, não há 795 quem não venha rondar os leitos, à procura dessa peste. Se nos debruçamos à janela, lá andam vocês a tentar ver a peste; e se, por vergonha, nos metemos para dentro, ainda mais desejosos ficam todos de verem a peste debruçar-se outra vez. Em resumo: é evidente que nós 800 somos muito melhores do que vocês. E pode-se tirar a prova. Façamos a prova a ver quem são os piores. Nós dizemos que são vocês, vocês dizem que somos nós. Ora consideremos e punhamos frente a frente, para os confrontarmos, o nome de cada mulher e de cada homem. Carmino fica a perder diante de Nausímaca[133]. Isso é claro. E também Cleofonte, sem 805 dúvida que é de longe pior do que Salabaco[134]. Desde há muito tempo que a Aristómaca, aquela de Maratona, e a Estratonica[135], nenhum de vocês se atreve a fazer frente. E Eubule[136]? Haverá algum dos membros do conselho do ano passado, dos que cederam o lugar a outro, que seja melhor do que ela? (*Apontando para um espectador.*) Nem tu aí serias capaz de o afirmar. Em conclusão: bem nos podemos gabar de sermos 810

---

[133] Carmino, estratego ateniense, que nessa altura sofrera uma derrota no mar em Sime, a norte de Rodes (cf. Tucídides 8. 30, 42), é posto em paralelo com Nausímaca, 'aquela que combate no mar'.

[134] Cleofonte era um político ateniense em evidência na época de Aristófanes. Já com certa experiência na vida pública, tornou-se chefe do povo após a restauração do sistema democrático em 410 a. C., e esteve à frente das finanças atenienses. Foi um dos grandes lutadores contra um acordo de paz com Esparta, o que o expôs aos ataques de Aristófanes. Veio a ser julgado e condenado por uma questão de cidadania, dada a sua origem trácia pelo lado materno (cf. *Rãs* 679-685). O ataque a esta figura é aqui salientado pela inferioridade que o comediógrafo lhe atribui em relação com uma famosa cortesã da altura, Salabaco (cf. *Cavaleiros* 765).

[135] Os nomes destas duas mulheres lembram os gloriosos guerreiros de outrora, que agora não têm rival entre os Atenienses presentes no teatro: Aristómaca, 'batalha extraordinária', e Estratonica, 'a vitória militar'.

[136] Sem dúvida que Eubule, 'a boa conselheira', é superior ao grupo cessante do conselho do ano anterior.

muito melhores que os homens. Não se encontra uma só mulher que, depois de roubar cinquenta talentos do erário público, suba à cidadela a conduzir um carro de cavalos[137]. Mas se surripiou, pelo muito, um cesto de trigo ao marido, devolve-lho no próprio dia. (*Virando-se para o público.*) Destes aqui presentes, quantos não poderíamos nós apontar que fazem destas habilidades? E mais, que nos batem aos pontos em gulodice, ladroeira, vigarice e tráfico de escravos. Sem dúvida que também o património doméstico defendem-no pior do que nós. Cá pelo nosso lado, ainda vamos conservando por enquanto o tear, a travessa[138], os cestinhos, a sombrinha. Mas a muitos dos nossos maridos, que aqui estão, desapareceu de casa a travessa com a sua própria lança, e muitos outros, nas suas campanhas, deixaram cair dos ombros a sombrinha[139]. Muitos defeitos poderíamos nós, mulheres, com razões de sobra, censurar aos homens, um então de categoria. Seria justo que, se uma de nós dá à luz um homem útil à cidade, um taxiarco ou um estratego[140], recebesse uma homenagem e lhe fosse dado um lugar de honra[141] nas Esténias e nos Ciros[142] e em todos os outros festivais que nós realizamos. Pelo

---

[137] Seguindo a sugestão de Sommerstein (*op. cit.*, 207-208), podemos tentar configurar um escândalo próximo e fresco nas memórias de todos, mas hoje para nós impossível de reconstituir. Decerto o de um caso de corrupção em que qualquer funcionário público, depois de roubar ao erário uma quantia elevada, tem o desplante de se integrar no cortejo das Panateneias e prestar homenagem justamente à deusa guardiã do tesouro que ele acabou de desfalcar.

[138] O ἀντίον é propriamente o 'cilindro do tear', sobre o qual os tecelões rolam a teia. Quanto ao κανών, é um pau redondo com que se separam os fios pares dos ímpares, na trama.

[139] Ironicamente a sombrinha alude ao escudo.

[140] O taxiarco é o chefe de uma divisão do exército; o estratego é o general, o chefe supremo do exército.

[141] A προεδρία e a refeição no edifício do Pritaneu eram as honras públicas habitualmente concedidas aos cidadãos beneméritos da pátria.

[142] Segundo o próprio texto, trata-se de dois festivais de mulheres, realizados em data próxima das Tesmofórias. A designação de Esténias assenta no verbo στηνιάω 'insultar, dizer grosserias', aludindo ao momento em que as mulheres se insultavam, ritual este de valor apotropaico. Rituais idênticos se verificavam nas Tesmofórias, sem esquecermos os γεφυρισμοί de Elêusis. As Esténias celebravam o regresso (ἄνοδος) de Deméter e realizavam-se em Atenas, três dias antes das Tesmofórias.

Sobre os Ciros há muitas lacunas no nosso conhecimento; segundo alguns testemunhos, ligavam-se estreitamente às Tesmofórias, das quais deviam até ter feito parte; seriam, portanto, uma homenagem a Deméter e Perséfone. Há, porém, outra informação que os considera um festival à parte, em honra de Atena. O que poderá significar a designação de Ciros? Segundo o escoliasta de Aristófanes, σκίρον é a 'sombrinha', que o sacerdote levava durante o festival das 'duas deusas'. Porém o escoliasta de *Vespas* 925

contrário, se uma mulher dá à luz um cobarde ou um criminoso, um trierarco[143] criminoso ou um mau piloto, devia sentar-se atrás da outra, da que deu à luz o varão, com o cabelo cortado à tigela. Ó cidade, que é que iria parecer sentar-se a mãe de Hipérbolo, vestida de branco e com 840 os cabelos soltos, junto da de Lâmaco, e pôr-se a emprestar dinheiro a juros[144]? Se ela emprestasse dinheiro a alguém e tirasse lucro, ninguém lhe devia entregar esse lucro, mas pelo contrário, arrancar-lhe à força o dinheiro e atirar-lhe em cara: 'Aqui tens o fruto que mereces, já que 845 produziste semelhante fruto'[145].

PARENTE
(Que olha atentamente em volta.)

Já estou vesgo, de tanto esperar! E ele, nada! Que é que o terá impedido de vir? Não há dúvida, tem vergonha do *Palamedes*, por ser

---

diz que σκίρον é uma terra branca, como gesso, e que Atena é designada por Σκιρράς por estar pintada de branco. Pergunta-se Harrison (*Prolegomena*, 135) se não será de supor para os Ciros um ritual semelhante às Tesmofórias, em que os objectos enterrados nos μέγαρα seriam modelados em gesso.

Para a discussão deste assunto, cf. J. E. Harrison, *Prolegomena to the study of Greek religion*, Cambridge, 1908, 134 sqq.

[143] O trierarco é o comandante de uma trirreme.

[144] Dentro da teoria acabada de expor, para o Coro seria absurdo ver sentadas lado a lado a mãe de Hipérbolo, de trajo festivo e no papel de usurária, e a mãe de Lâmaco, o herói da Sicília.

Hipérbolo é frequentemente atacado na obra de Aristófanes e ainda por Tucídides (8. 73. 3). Era rico, mas a sua fortuna parece ter sido obtida por meios duvidosos (cf. *Nuvens* 1065-1066), como negociante de tochas. A fama adveio-lhe, no entanto, do seu talento como orador, faculdade essa que o tornou responsável por várias condenações em tribunal (cf. *Acarnenses* 846-847, *Cavaleiros* 1363, *Nuvens* 876). O mesmo poder de retórica fez dele a figura dominante na assembleia, depois da morte do político Cléon em 421 (cf. *Paz* 679 sqq.). Veio a ser perseguido por Nícias e Alcibíades e sofreu pena de ostracismo em 417 a. C. Apesar de todos os ataques de que foi vítima, deve ter gozado de uma certa popularidade que possa justificar o seu papel na assembleia, depois de Cléon.

Lâmaco foi um general ateniense que Aristófanes largamente parodiou em *Acarnenses*, como símbolo daqueles militares que pugnavam pela continuação da guerra, esperando tirar dela alguns proventos (cf., *e. g.*, *Acarnenses* 619 sqq.). Lâmaco viria a morrer em 414 a. C., numa campanha na Sicília; como herói é recordado neste passo de *Tesmofórias*.

[145] Aristófanes faz um jogo com a palavra τόκος, que significa simultaneamente 'filho' e 'juro'.

850   frio. Mas então com que peça é que o hei-de fazer vir? Já sei! Vou imitar a *Helena*[146] que ele compôs há pouco tempo. Tanto mais que estou vestido com roupa de mulher.

CRITILA

Que é que tu me estás para aí a engendrar outra vez? Porque é que arregalas os olhos dessa maneira? Boa Helena vais já tu ver, se não te portas em termos, até que apareça por aí um dos prítanes.

PARENTE
(No papel de Helena.)

855   Estas são do Nilo as águas de belas Ninfas, do rio que, em vez da chuva divina, rega a planície alva do Egipto e o seu povo, o da... purga negra[147].

---

[146] A tragédia *Helena* foi representada em 412 a. C. Efectivamente, em *Tesmofórias* 1060, Aristófanes afirma que, no ano anterior, Eurípides levara a concurso a tragédia *Andrómeda*, que, através dos escólios a *Lisístrata* 962 e *Rãs* 53, sabemos ter sido representada em 412 a. C. Ora o escoliasta do v. 1012 de *Tesmofórias* diz-nos que *Andrómeda* foi representada juntamente com *Helena*, isto é, que as duas peças faziam parte da mesma trilogia. Apesar de muito controversa, esta trilogia parece ter assegurado a Eurípides um grande êxito. A cena que se segue está cheia de citações e paródias de *Helena*. Cf. vv. 855-856, que são a transcrição de *Helena* 1-2, enquanto o v. 857 é um desfecho cómico da autoria de Aristófanes. Cf. ainda, *e. g.*, *Tesmofórias* 859 sq. e *Helena* 16 sq., *Tesmofórias* 864 sq. e *Helena* 52 sq., *Tesmofórias* 866 e *Helena* 49, *Tesmofórias* 871 e *Helena* 68. Sobre o alcance literário desta paródia, cf. Introdução, 21-22.

Nesta versão do mito troiano, inspirada em Estesícoro (*PMG* 192), Eurípides narrava o rapto que Páris perpetrara na Grécia, não de Helena, mas de um fantasma feito à sua semelhança. Entretanto a verdadeira Helena, por vontade de Zeus, era transferida para o Egipto à guarda do rei Proteu. No início da tragédia, sete anos passados sobre o fim da guerra de Tróia, morto já Proteu, Helena vê-se assediada pelas pretensões do novo monarca, Teoclímeno, à sua mão. Defensora intransigente da fidelidade ao marido, Helena refugia-se junto do túmulo do soberano falecido. É aí que Menelau, na viagem de regresso, depois de um naufrágio que o lança contra as costas do Egipto, a vai encontrar. Após um vibrante reencontro, os dois esposos preparam um plano de fuga, que passa pelo ludíbrio de Teoclímeno e para o qual contam com a conivência de Teónoe, irmã do pretendente egípcio.

[147] Após dois versos transcritos da *Helena* (1-2), Aristófanes junta um terceiro, paródico. Aos Egípcios é atribuído o epíteto de μελανοσυρμαῖοι, atendendo ao uso regular que faziam de uma planta purgativa, a συρμαῖα. O primeiro elemento do composto, μέλας 'negro', é vulgar em compostos euripidianos. Cf., *e. g.*, *Alceste* 427, 843, *Hécuba* 71, 153, 705, 1106.

CRITILA

Um trapaceiro é o que tu és, por Hécate luminosa[148]!

PARENTE

Tenho por pátria um país não obscuro, Esparta, e o meu pai é   860
Tíndaro[149].

CRITILA

Com que então, patife, esse é que é o teu pai? Frinondas, esse
sim[150]!

PARENTE

Helena foi meu nome.

CRITILA

Já te estás a fazer passar outra vez por mulher, ainda antes de
receberes o castigo pelo teu disfarce de há bocado?

---

[148] Na época clássica, Hécate é a divindade que preside à magia e aos encantamentos.
Anda ligada aos infernos e revela-se aos feiticeiros com uma tocha em cada mão. Como
maga, Hécate preside às encruzilhadas que são, por excelência, os lugares de magia. Daí
que a sua representação seja frequente nesses locais, sob a forma de uma mulher com três
corpos ou com três cabeças.

[149] Tíndaro, rei de Esparta e herói dos Lacedemónios, foi, depois de casar com Leda,
o pai adoptivo de Helena, Clitemnestra e dos Dioscuros. Depois da divinização de seus
filhos, Castor e Pólux, veio a ceder o trono a seu genro Menelau, marido de Helena.

[150] Ao nome ilustre de Tíndaro, Critila substitui o de Frinondas, um patife muito
conhecido em Atenas, no séc. V a. C.: cf. Aristófanes frs. 26, 484 K.-A.; Êupolis frs. 45,
139; Platão, *Protágoras* 327d.

103

PARENTE

865   Muitas almas, por minha causa, pereceram nas margens do Escamandro[151].

CRITILA

Oxalá te tivesse acontecido o mesmo, a ti também!

PARENTE

Eu estou aqui, mas o meu infeliz esposo, Menelau, não chega mais. Qual a razão de ser da minha vida?

CRITILA

A culpa é dos corvos.

PARENTE
(Percebendo a presença de Eurípides.)

870   Mas há qualquer coisa que me faz palpitar o coração. Não me iludas, Zeus, com esta nova esperança.

EURÍPIDES
(No papel de Menelau.)

Quem é o senhor destas sólidas mansões? Oxalá acolha os hóspedes extenuados pelo mar salgado, no meio da tempestade e do naufrágio.

---

[151] O Escamandro é o rio que corre na planície de Tróia.

PARENTE

É Proteu[152] o senhor deste palácio.

CRITILA

Que Proteu, ó desgraçado?! (*Para o recém-chegado, em tom de*   875
aviso.) Ele é um mentiroso, pelas duas deusas! Próteas[153] já morreu há
dez anos.

EURÍPIDES
(Ignorando o comentário de Critila.)

Que país é este, a que aportámos no nosso navio?

PARENTE

O Egipto.

EURÍPIDES

Que desgraça! Onde nós viemos parar!

CRITILA

Tu acreditas numa só palavra das patetices que este estupor deste
fulano – raios o partam! – te impinge? É o Tesmofórion isto aqui.   880

---

[152] Cf. *supra* nota 146.

[153] Por ignorância de quem seja o Proteu da história egípcia, ou por se recusar a
aceitar a ficção que se monta diante dos seus olhos, Critila faz no nome uma ligeira alteração
e passa, assim, a aludir a uma personagem certamente conhecida em Atenas. Segundo
Sommerstein (*op. cit*, 214), trata-se de um general que comandou um esquadrão que apoiou
Corcira na guerra contra Corinto (cf. Tucídides 1. 45. 2), em 433, e interveio também na
expedição enviada a fazer o périplo do Peloponeso (cf. Tucídides 2. 23. 2), em 431.

EURÍPIDES

E Proteu, está no palácio ou ausente?

CRITILA

Deves estar ainda muito enjoado, estrangeiro! Depois de ouvires dizer que Proteu está morto, ainda perguntas: 'Está no palácio ou ausente?'

EURÍPIDES

885 Ai! Está morto! Onde é que foi sepultado?

PARENTE

É aqui mesmo o seu túmulo, é sobre ele que estou sentada.

CRITILA

Raios te partam! – e hão-de partir! Atreveres-te a chamar túmulo ao altar!...

EURÍPIDES

890 Mas porque é que te sentas nestes lugares sepulcrais, coberta de véus, estrangeira?

PARENTE

Sou forçada a partilhar o leito com o filho de Proteu, como sua esposa.

CRITILA

O quê, desgraçado? Continuas a enganar aqui o estrangeiro? (*A Eurípides.*) Este malvado, estrangeiro, meteu-se cá, para roubar o ouro das mulheres.

PARENTE

Podes rosnar à vontade e cobrir-me de injúrias.   895

EURÍPIDES

Estrangeira, quem é esta velha que aqui está a insultar-te?

PARENTE

Esta? É Teónoe[154], filha de Proteu.

CRITILA

Nada disso, pelas duas deusas, sou Critila, filha de Antíteo, da freguesia de Gargeto[155], isso sim! E tu és um aldrabão.

PARENTE

Podes dizer tudo o que quiseres. Não me caso com o teu irmão,   900
não hei-de trair Menelau, o meu esposo que está em Tróia.

---

[154] Teónoe é a filha de Proteu (cf. *supra* nota 146) a quem, em *Helena* de Eurípides, cabe o papel de conselheira sensata, detentora, por delegação divina, de poderes de adivinhação. É ela que auxilia a fuga de Helena, a esposa casta e fiel, que chora sobre o túmulo do rei falecido, vítima da cupidez de seu filho, o sucessor de Proteu no trono do Egipto. Este auxílio expõe-na à ira do novo rei; só a intervenção dos Dioscuros a pôde salvar. Para maior ironia, a falsa Teónoe é, na comédia, a guardiã da 'prisioneira'.

[155] Gargeto é um δῆμος da Ática, a nordeste de Atenas.

EURÍPIDES

Mulher, que disseste? Vira para mim os teus olhos brilhantes.

PARENTE
(Com relutância.)

Sinto vergonha, diante de ti, porque me lançaram em rosto um ultraje.

EURÍPIDES

905 Mas o que se passa? Faltam-me as palavras. *(Olhando a falsa Helena com mais atenção.)* Ó deuses, que é que eu estou a ver? Quem és tu, mulher?

PARENTE

E tu, quem és? É essa também a minha pergunta.

EURÍPIDES

És grega ou és uma mulher deste país?

PARENTE

Sou grega. Mas quero saber também quem tu és.

EURÍPIDES

Vejo em ti o retrato de Helena, mulher.

PARENTE

E eu em ti o de Menelau, aquele... da alfazema[156].   910

EURÍPIDES

Reconheceste bem um homem profundamente infeliz.

PARENTE
(Atirando-se-lhe nos braços.)

Oh! Quanto tardaste a vir para os braços da tua esposa, toma-me,
toma-me, marido, envolve-me nos teus braços. Vamos, quero beijar-te.   915
Não percas tempo, toma-me e leva-me, leva-me, leva-me, leva-me!!!

CRITILA
(Ao ver Eurípides disposto a levar consigo o prisioneiro.)

Há-de gemer quem te levar, olá se há-de! Prego-lhe com a tocha
em cima.

EURÍPIDES

Tu queres impedir-me de levar a minha mulher, a filha de Tíndaro,
para Esparta?

CRITILA

Ai que me estás a parecer também um trapaceiro, feito com esse   920
fulano! Por alguma razão é que, há já uma data de tempo, vocês estão

---

[156] Esta é uma alusão, frequente em Aristófanes, que visa a profissão de hortaliceira
que a mãe do trágico exerceria (cf. *supra* nota 87). De resto a leitura desta última palavra
do verso é muito controversa e várias são as emendas sugeridas. Sobre o assunto, vide
Sommerstein, *op. cit.*, 215; P. Thiercy, *Aristophane. Théâtre complet*, Paris, 1997, 1212.

para aí a armar-se em egípcios. (*Ao verificar a aproximação da autoridade.*) Mas este tipo de um castigo não se safa. Já lá vêm o prítane e o guarda.

EURÍPIDES

(Baixo ao Parente.)

Que sarilho este! Tenho mas é de me raspar.

PARENTE

925   E eu, desgraçado de mim, o que hei-de fazer?

EURÍPIDES

(Ao afastar-se.)

Fica tranquilo. Que eu não te vou abandonar nunca, enquanto tiver um sopro de vida, a não ser que me faltem os meus mil e um artifícios.

CRITILA

(Satisfeita.)

Saiu-lhes o negócio furado[157]!

PRÍTANE

(Dirigindo-se a Critila.)

        É este o patife de que nos falava o Clístenes? (*Critila acena que*
930 *sim e o Prítane volta-se para Mnesíloco.*) Tu aí, porque é que baixas a cabeça? (*Ao Guarda.*) Leva-o lá para dentro, guarda, e amarra-o à canga; depois põe-no aqui e vigia-o, não deixes que ninguém se aproxime dele.
935 Usa mesmo o chicote, rapaz, se alguém se aproximar.

---

[157] A tradução literal deste verso é 'esta linha não pescou nada', expressão sugestiva a que substituímos a portuguesa, também coloquial, 'saiu-lhes o negócio furado'.

CRITILA

Sim, caramba, porque mesmo agora um sujeito, um pé rapado[158] qualquer, por pouco se me safava com ele.

PARENTE

Ó prítane, pela tua mão direita, que bem gostas de estender aberta a quem te dá dinheiro, faz-me um favorzinho, mesmo que eu tenha de morrer.

PRÍTANE

Que favorzinho?

PARENTE

Dá ordem ao guarda que me dispa todo antes de me amarrar à canga, para eu, de túnica açafrão e de turbante, velho como sou, não fazer rir os corvos a quem vou servir de almoço.

940

PRÍTANE

Foi com essa fatiota que o conselho decidiu que tu fosses amarrado, para que quem passe fique a saber o patife que tu és.

PARENTE

Ai! Ai! Ai! Ó túnica de açafrão, em que sarilho me meteste! E já não vejo nenhuma esperança de me safar[159].

945

---

[158] O texto diz ἱστιορράφος, ou seja, o sujeito que 'cose pedaços de vela' para se vestir, o náufrago maltrapilho.

[159] Enquanto o Guarda arrasta o Parente para fora de cena, para cumprir as ordens do Prítane, o Coro executa uma dança acompanhada de saudações aos deuses. Segundo K. J. Dover (*Aristophanic Comedy*, London, 1972, 22), tanto o v. 930 como adiante o v. 1007 denunciam a existência no cenário, para além da porta da casa de Ágaton e possivelmente de uma correspondente ao templo, que o texto não refere, de uma porta não localizada,

(*Vai lá para dentro, seguido do Guarda; o Prítane e Critila*
saem também.)

CORO

Vamos, é a hora da alegria, como é da praxe aqui entre as mulheres,
quando celebramos as santas orgias, em honra das duas deusas, nos dias
950 sagrados. Também Páuson[160] as venera e faz jejum, e muitas vezes suplica
às duas deusas, juntamente connosco, que ano após ano se possa dedicar
a estes ritos.
955 Vamos, avancem com pé ligeiro, façam roda, dêem as mãos,
marquem todas o ritmo da dança sagrada[161]. Avancem com passo leve. É
preciso que o coro, formada a roda, tudo esquadrinhe com os olhos.
960 Ao mesmo tempo cantem e celebrem todas, com a vossa voz, a
raça dos deuses olímpicos, na vertigem da dança. E se alguém está à
965 espera de que eu, como mulher, vá dizer mal dos homens neste recinto
sagrado, engana-se. Mas é preciso, é um dever, desde já, antes de mais,
formar um passo gracioso de dança de roda. Avancem entoando os vossos
970 cantos em honra do deus de bela lira, e de Ártemis, portadora do arco, a
deusa casta. Salve, ó deus que atira ao longe, concede-nos a vitória. E
975 Hera, protectora das núpcias, havemos de celebrá-la como é devido, ela
que participa em todas as danças e guarda as chaves do casamento.
Suplico a Hermes, senhor dos pastores, a Pã e às Ninfas veneradas, que
980 nos sorriam com benevolência e se alegrem com as nossas danças. Iniciem
agora, com entusiasmo, o passo dobrado, o encanto desta dança. Haja
alegria, mulheres, como é de regra. Estamos em jejum absoluto.
985 Vamos, saltem, rodopiem com passo ritmado. Cantem com voz
bem cheia. Conduz-nos tu, Baco, senhor coroado de heras. E eu te hei-
990 -de celebrar com cortejos dançantes. E tu, Dioniso Brómio, filho de Zeus
e de Sémele, que corres pelas montanhas, alegre com os doces hinos das

---

que servia apenas de passagem para o interior da σκηνή. De facto, o templo não seria o
local indicado para o Guarda amarrar o Parente à canga e menos ainda para procurar uma
esteira onde descansar durante a vigilância. Diz ainda Dover que, em casos destes, a porta
da σκηνή é apenas um ponto de transição para um interior não definido.

[160] Só por ironia o Coro cita neste momento o nome do pintor Páuson, que, dada a
pobreza em que vivia, estava condenado a jejuar o ano inteiro (cf. *Acarnenses* 854, *Pluto*
602).

[161] A dança de roda vem já mencionada na descrição do escudo de Aquiles (*Ilíada*
18. 599-601).

112

Ninfas – evoé! evoé! evoé! – e prossegues na dança[162]. Ao redor ressoa a   995
voz do Citéron[163], ecoam as montanhas de folhagem negra e os vales
rochosos. Ao envolver-te, a hera de bela folhagem, entrelaçada, floresce.   1000

GUARDA
(De regresso com o Parente amarrado à canga.)

Aqui agora tu poder gritar prós céus[164] !

PARENTE

Ó guarda, por favor...

GUARDA

Tu não pedir fabores a mim.

PARENTE

... alarga a cavilha.

---

[162] O Coro refere o epíteto de Brómio 'Fremente', que foi atribuído a Dioniso pela agitação com que os tíasos celebravam o seu culto, em correria louca pelas montanhas agrestes, brandindo tochas nas trevas da noite, deixando-se levar no êxtase da dança. Uma menção cabe à hera, planta simbólica da vitalidade eterna da natureza e insígnia do deus. De passagem alude-se ainda à genealogia da divindade, fruto dos amores de Zeus com uma mortal, Sémele. Sobre os aspectos rituais do culto de Dioniso, *vide* Eurípides, *Bacantes*.

[163] O Citéron é uma montanha situada entre a Ática e a Beócia.

[164] O tipo de defeitos de linguagem que o Cita comete é de certo modo incoerente, pois as suas faltas de aspiração, troca de géneros, deficiências de conjugação e outros erros não ocorrem sistematicamente. São, no entanto, largo motivo de cómico. Procurei resolver as dificuldades, fazendo equivaler ao grego determinados defeitos de linguagem no português: uns que ocorrem como regionalismos, como seja a troca do *b* e do *v* em vez da falta de aspiração do grego, outros como estrangeirismos, a mesma troca de géneros e a preferência pelo infinitivo na conjugação.

GUARDA

É mesmo isso que eu fazer!

PARENTE

Ai, que desgraça a minha! Ainda a enterras mais.

GUARDA

1005   Tu querer mai ainda?

PARENTE

Ai, ai! Ai, ai! Um raio que te parta!

GUARDA
(Que vai lá dentro em busca de uma esteira.)

Cala-te, velho maldito! Bamos, eu ir trazer esteira para guardar tu.

PARENTE
(Sozinho.)

Ora aqui está a rica ajuda que me deu o Eurípides! *(Mas de repente vislumbra qualquer coisa e recupera a esperança.)* Ei! Ó deuses, ó Zeus
1010   salvador, há uma esperança. Parece que o tipo não me vai abandonar; deu-me sinal, ao aparecer no papel de Perseu, de que tenho de me transformar em Andrómeda. Pelo menos, preso com cadeias estou eu. Uma coisa é certa: vem para me salvar. Se não, não voava para aqui[165].

---

[165] Dá-se início, neste momento, à paródia de *Andrómeda* de Eurípides (cf. Introdução, 22-25). Parece não haver dúvidas (cf. Pólux 4. 128) sobre o facto de o herói Perseu, na cena trágica, aparecer sobre a máquina de voo. Mas se é verdade que Aristófanes confere ao seu falso Perseu tradicionais atributos da figura – asas nos pés e o escudo com a cabeça de Medusa –, é duvidoso que tenha adoptado para a sua representação o processo euripidiano

(*No papel de Andrómeda.*) Queridas donzelas, minhas amigas[166], 1015
como hei-de escapar às escondidas do Cita? Ouves-me, tu que nos antros
ecoas as minhas palavras? Dá-me o teu consentimento, deixa-me ir ter 1020
com a minha mulher. Implacável é o homem que me acorrentou, a mim,
o mais infeliz dos mortais. Com que custo escapei a essa velha 1025
carunchosa! E hei-de morrer mesmo assim?!! E esse guarda cita, aí
especado há que tempos, foi ele que me pendurou, infeliz, sem amigos,
para servir de jantar aos corvos. Estás a ver, não estou aqui para tomar
parte nas danças nem para levar a urna de sufrágio, com jovens da minha 1030
idade. Estou presa por cadeias apertadas e exposta, como alimento, ao
monstro Glaucetes[167]. Lamentai a minha sorte, não com um péan[168]
nupcial, mas de cativeiro, mulheres, porque, infeliz, sofri a infelicidade 1035
– ai que desgraça! Que desgraça! –, as dores criminosas impostas pelos
parentes. A um mortal agora dirijo as minhas súplicas, inflamada num 1040

---

da μηχανή. O argumento principal a fundamentar estas dúvidas reside na inexistência de
uma paródia frontal ao processo, de um modo idêntico àquela que é feita em *Paz* 82-176;
tratando-se de um recurso habitual no teatro de Eurípides e estando Aristófanes em plena
paródia do trágico, esperar-se-ia que a comédia aproveitasse todas as potencialidades deste
motivo. Da entrada do seu herói em cena, o comediógrafo diz apenas, pela boca do Parente,
'ao sair a correr na figura de Perseu' (Περσεὺς ἐκδραμών, v. 1011), embora adiante o
vocabulário se refira concretamente a voo (παρέπτατο, v. 1014; ναυστολῶν, v. 1101).
   Talvez seja mais conforme com a sobriedade do texto nesta matéria pensar que o
Eurípides cómico adoptasse uma entrada grotesca, sugestiva da sua natureza alada, que o
texto apoiaria com a menção do voo. Sobre o assunto, cf. Dearden, *The stage of
Aristophanes*, 82-84.
   [166] Inicia-se agora a paródia da tragédia *Andrómeda* de Eurípides, apresentada em
412 a. C., juntamente com *Helena* (cf. *supra* Introdução, 20-25). Segundo o mito, o casal
real da Etiópia, Cefeu e Cassiopeia, por ter de alguma forma ofendido Posídon, viu o seu
território inundado e atacado por um monstro marinho. Vozes proféticas anunciaram a
Cefeu a única salvação: expor a filha Andrómeda junto ao mar para ser devorada pelo
monstro ameaçador. A custo, o rei acedeu. Foi quando, solitária, apavorada, a jovem princesa
aguardava o sacrifício, tendo por única testemunha a voz de Eco, que Perseu, o herói
voador, de regresso de uma façanha contra a Górgona Medusa, a avistou das alturas;
fascinado por tanta beleza e infortúnio, o belo herói prontificou-se a enfrentar o monstro
em troca da mão gentil da donzela por quem o seu coração batia com calor. Na tragédia
Andrómeda, as 'queridas donzelas, minhas amigas' eram as jovens companheiras de
Andrómeda, que constituíam o Coro. No caso presente, este vocativo é ridículo, porquanto
as únicas mulheres presentes são as responsáveis pelo suplício da falsa donzela.
   [167] Glaucetes era um cidadão de Atenas conhecido e ridicularizado pela gulodice (cf.
Paz 1008). Talvez a justificação para a menção que lhe é feita neste momento esteja no
facto de o seu nome sugerir γλαυκός, adjectivo comum a designar a cor do mar, 'azul
marinho', para além do volume e do apetite devorador.
   [168] Um péan era inicialmente um canto em honra de Apolo, embora viesse depois a
executar-se em homenagem a outras divindades.

lamento plangente, fúnebre – ai, ai! Ai, ai! –, esse homem que primeiro
1045 me depilou, esse que me enfiou esta túnica amarela. Depois enviou-me
para este lugar sagrado, onde estão as mulheres. Ah! O espírito inflexível
do meu destino! Ó maldito que eu sou! Quem, perante tais desgraças,
1050 não lançará um olhar para o meu sofrimento indesejável? Que ao menos
o astro do céu, portador do fogo, aniquilasse aí o raio do bárbaro. Já não
me é grato olhar a luz imortal, aqui suspenso, atenazado de dores que
1055 me cortam a garganta, em curso veloz para a terra dos mortos.

(Entra Eurípides no papel de Eco.)

ECO[169]

Salve, querida donzela! O teu pai Cefeu, que te expôs assim, que
os deuses o exterminem!

PARENTE

Quem és tu que te apiedaste do meu sofrimento?

ECO

1060 Sou Eco. Repito, em tom de mofa, tudo o que ouço, e, no ano
passado, fui eu que, neste mesmo lugar, me bati por Eurípides no
concurso[170]. Vamos, filha, tens de fazer o teu papel, chora em tom
lamentoso.

---

[169] A lenda não é uniforme ao referir o destino desta ninfa, para tentar explicar a
origem do eco; ora faz dela uma paixão do deus Pã, que Eco não retribui, levando esse
deus, para se vingar, a decidir que ela fosse destroçada por pastores; ora a torna a amante
não correspondida de Narciso. De qualquer modo, para além da morte, a sua voz permanece
para repetir as últimas sílabas das palavras que ouve.

Ao que parece, a tragédia de Eurípides abria com uma cena em que a ninfa Eco,
embora invisível, desempenhava importante papel, porquanto era ela a única a responder
aos lamentos de Andrómeda perdidos na noite.

[170] *Vide supra* nota 146.

PARENTE

E tu repetes o meu choro depois.

ECO

Eu trato disso. Vamos, começa tu.

PARENTE

Ó noite divina, como corres na tua longa cavalgada, conduzindo   1065
o teu carro pela abóbada estrelada do éter sagrado, através do venerando
Olimpo!

ECO

Do Olimpo.

PARENTE

Porque havia de ser a mim, Andrómeda, a caber em sorte esta   1070
desgraça suprema?

ECO

Caber em sorte esta desgraça suprema?

PARENTE

Da morte, infeliz…

ECO

Da morte, infeliz…

PARENTE

Acabas comigo, ó velha, com essa arenga toda.

ECO

Com essa arenga toda.

PARENTE

1075   Poça, que aborrecida, sempre a interromper! É demais!

ECO

É demais!

PARENTE

Meu caro amigo, deixa-me dizer a minha monódia, é um favor que me fazes. Acaba com isso!

ECO

Acaba com isso!

PARENTE

Vai-te enforcar!

ECO

1080   Vai-te enforcar!

PARENTE

Que tens?

ECO

Que tens?

PARENTE

Só dizes disparates!

ECO

Só dizes disparates!

PARENTE

Lamenta-te!

ECO

Lamenta-te!

PARENTE

Geme!

ECO

Geme!

(*Atraído pelo barulho, o Cita volta com a esteira.*)

GUARDA
(Ao Parente.)

Tu aí! Que paleio é esse?

ECO

Tu aí! Que paleio é esse?

GUARDA

Eu chamar os prítanes.

ECO

Eu chamar os prítanes.

GUARDA
(A ameaçar o Parente.)

1085   Bais-te dar mal.

ECO

Bais-te dar mal.

GUARDA

Donde bem esta boz?

ECO

Donde bem esta boz?

GUARDA

És tu que falas?

ECO

És tu que falas?

GUARDA

Estás aqui estás a chorar!

ECO

Estás aqui estás a chorar!

GUARDA

Tu gozar comigo?

ECO

Tu gozar comigo?

PARENTE

Eu não, bolas! É esta sujeita aqui ao lado.   1090

ECO

Esta sujeita aqui ao lado.

GUARDA

Onde está essa malbada?

PARENTE

Vai ali a fugir.

GUARDA
(Que procura perseguir a fugitiva.)

Para onde tu fuges? Não te safas.

ECO
(Já à distância.)

Não me apanhas.

GUARDA

1095   Ainda resmungas?

ECO

Ainda resmungas?

GUARDA

Agarra a malbada!

ECO

Agarra a malbada!

GUARDA

Raio de mulhé, tagarelo, maldito!

EURÍPIDES,
(Fazendo de Perseu.)

Ó deuses, a que terra bárbara cheguei eu, com as minhas sandálias velozes? Através do éter, encurtando caminho, aqui pouso o meu pé   1100 alado, eu, Perseu, que viajo rumo a Argos, portador da cabeça da Górgona[171].

GUARDA

Que tu diz? Do Gorgo, do escriva, tu lebar o caveço?

EURÍPIDES

Da Górgona, pois, foi o que eu disse!

GUARDA

Pois do Gorgo, também foi o que diz!

---

[171] Embora houvesse, na mitologia, três Górgonas, geralmente esta designação simples cabia a uma delas, a principal, Medusa. Eram monstros que habitavam no Ocidente; eram representadas com a cabeça cercada de serpentes e o seu olhar de tal modo era penetrante, que petrificava quem as encarasse. Só Perseu, graças à ajuda de Atena, foi capaz de decapitar a Medusa, depois de neutralizar o efeito do seu olhar, servindo-se do escudo como de um espelho. Filho de Zeus e da argiva Dânae, Perseu fazia a viagem de regresso à pátria.

Os conhecimentos mitológicos do Cita não vão, no entanto, tão longe. O nome de Górgona lembra-lhe antes a figura de um escriba, por certo conhecido em Atenas. Recordemos idêntica confusão que é feita por Critila em relação a Proteu (vv. 874-876).

EURÍPIDES

1105   Oh! Que penedo é este que vejo? E esta donzela, semelhante às deusas, amarrada qual navio ao porto?

PARENTE

Ó estrangeiro, tem piedade de mim, da minha desgraça! Liberta-me destas cadeias.

GUARDA

Nem um pio, tu! Maldito, atrever-te a piar agora que bais morrer?

EURÍPIDES

1110   Ó donzela, sinto piedade ao ver-te aí suspensa.

GUARDA

Não, donzela não, velho aldrabice, ladrão, trafulha.

EURÍPIDES

Que disparate, Cita! Ela é Andrómeda, a filha de Cefeu.

GUARDA
(Levantando a veste do Parente.)

Olha-lhe para o coiso! Achas que é piqueno?

EURÍPIDES
*(Que se aproxima do prisioneiro
e tenta agarrar-lhe a mão.)*

Dá-me a mão da donzela, deixa-me apertá-la. Vamos, Cita!　1115
Fraquezas, todos os homens as têm. A minha é estar apaixonado por esta
jovem.

GUARDA

Não invejar tu! Se o rabo dele estivesse virado para este lado,
não tenho dúbidas tu fazer amor com ele.　1120

EURÍPIDES

Porque não me deixas libertá-la, Cita, para me deitar com ela no
leito nupcial?

GUARDA

Se tu quer mesmo fazer amor com o velho, tu fura a tábua por
trás e faz amor.

EURÍPIDES

Raios! Hei-de libertá-la das cadeias.　1125

(Avança para o prisioneiro, mas o Guarda interpõe-se.)

GUARDA

Eu dar-te com o chicote.

EURÍPIDES

Mesmo assim, é o que vou fazer.

GUARDA
(De espada erguida.)

Esse caveço, eu estoirar-te com ele, com este espada aqui.

EURÍPIDES
(Que se afasta, pensativo.)

Ai, ai! Que hei-de fazer? Que argumentos hei-de arranjar? É que
1130 os não aceita uma natureza bárbara como esta! A brutos apresentar teorias
novas, é tempo perdido. Tem de se arranjar outra estratégia mais
conveniente para ele.

GUARDA

Raposa malbada, a armar-se em macaco[172] comigo!

PARENTE
(Num último apelo a Eurípides que se afasta.)

Lembra-te de mim, Perseu, que aqui deixas entregue à desgraça.

GUARDA
(De chicote na mão.)

1135 Tu ainda querer apanhar com chicote?

(Apaziguada a crise, o Guarda reclina-se no colchão para dormir.)

---

[172] O macaco é tomado como símbolo de astúcia e esperteza. Para a referência aos
dois animais, cf. Esopo, *Fábulas* 38 e 39.

CORO

É Palas, amante dos coros, que aqui costumo invocar para a dança, a donzela liberta do jugo, senhora única da nossa cidade, detentora de 1140 inegável poder, a quem chamam 'guardiã das chaves'. Aparece, tu que odeias os tiranos, como é de justiça. Invoca-te a multidão das mulheres. 1145 Que venhas e nos tragas a paz amiga das festas. Vinde, ó deusas, benévolas, propícias, para este recinto que é vosso, onde aos homens é 1150 vedado contemplar os sagrados rituais, onde, à luz das tochas, vós apareceis, visão imortal. Vinde, aproximai-vos, nós vo-lo suplicamos, ó 1155 tão veneradas Tesmofórias. Se já antes acorrestes ao nosso apelo, vinde também agora, nós vos suplicamos, aqui, até junto de nós.

EURÍPIDES
(Que regressa disfarçado de velha alcoviteira e acompanhado de uma bailarina e de um flautista.)

Minhas senhoras, se quiserem, daqui para o futuro, fazer as pazes 1160 comigo, é agora a ocasião. E doravante nunca mais me hão-de ouvir dizer mal de vocês. Esta é a minha proposta oficial.

CORO

Que necessidade tens tu de vires agora com essa proposta?

EURÍPIDES

Esse tipo que está aí preso à canga é meu parente. Se eu o 1165 recuperar, nunca mais me hão-de ouvir dizer mal de vocês. Mas se não chegarem a acordo comigo, todas aquelas patifarias que vocês agora fazem por trás das costas dos vossos maridos, hei-de-lhas contar, quando voltarem da tropa.

CORO

Da nossa parte, podes ter a certeza, tens o acordo pleno, mas esse 1170 bárbaro, trata tu de o convenceres.

EURÍPIDES

Deixa-o comigo. (*À bailarina.*) E tu, minha bichinha, não te esqueças de fazer aquilo que te disse pelo caminho. Primeiro, passa para aquele lado, e depois vá de menear as ancas. E tu, Terédon, toca aí uma pérsica[173].

GUARDA
(Que desperta com o ruído da música.)

Que barulha é esta? Uma tropa fandanga[174] me vir acordar?

EURÍPIDES

A garota vai ensaiar, guarda. É que ela tem de dançar aí para uns tipos.

GUARDA

1180   Dançar, ensaiar, eu não empatar. É lebe como uma pena[175].

EURÍPIDES

Vamos, filhinha, tira-me essa roupa! Senta-te nos joelhos do Cita e dá cá os pés para eu te descalçar.

---

[173] Os companheiros de Eurípides têm nomes significativos: ela, a bailarina, Ἐλάφιον 'gazela' pela leveza da dança que executa; ele, o flautista, Τερηδών 'caruncho, bicho da madeira', decerto o executante de uma melodia oriental, tão tortuosa como um pedaço de madeira corroído.

[174] O κῶμος era o nome dado a um grupo festivo, que caminhava pelas ruas ruidosamente, no meio de cantos e danças.

[175] Literalmente o texto grego diz 'como uma pulga sobre lã'.

GUARDA

Sim, senta, senta, sim, sim, filhinha. Ui, que peitinho duro, como   1185
um nabo.

EURÍPIDES
(Ao flautista.)

Tu, toca, depressa! *(À bailarina.)* Ainda estás com medo do Cita?

GUARDA

Linda rabinho! *(Chamando a atenção para o seu próprio falo.)*
Raios te partam, se não ficas lá dentro! Bom, coisa linda esta pilinha!

EURÍPIDES
(À bailarina que termina a dança.)

Pronto. Pega na roupa. Está na altura de nos irmos embora.   1190

GUARDA

Ela não dar beijo a eu primeiro?

EURÍPIDES

Claro! Dá-lhe lá um beijo.

GUARDA

Ai, ai, ai! Que doce o teu língua! Nem mel da Ática. Porque não
vem ela para a cama comigo?

EURÍPIDES

Adeus, guarda. Isso é que não pode ser.

GUARDA

1195   Sim, sim, tiazinha, fazer-me essa faborzinho tu.

EURÍPIDES

E tu pagas-me uma dracma?

GUARDA

Sim, sim, eu pagar.

EURÍPIDES

Então passa para cá a massinha.

GUARDA

Eu não ter. Mas pega lá o aljavo. Depois dar-me outra vez. Bamos
1200   lá, filhinha. E tu, vigia aqui este homem, tiazinha. Como é que te chamas?

EURÍPIDES

Artemísia[176].

---

[176] Artemísia é o nome de uma célebre rainha de Halicarnasso, conhecida pela
inteligência e tacto. À altura da batalha de Salamina, coube-lhe o comando das tropas da
sua cidade e ilhas vizinhas que integraram a armada de Xerxes (Heródoto 7. 99, 8. 68-69,
87-88, 101-103). De novo esta alusão não é entendida pelo Cita, que comicamente lhe
deturpa o nome.

GUARDA

Lembrar-me bem do nome: Artamúxia.

(Vai para dentro com a bailarina.)

EURÍPIDES
(Que despede o flautista para de seguida libertar o Parente.)

Ó Hermes, manhoso, por enquanto estás a sair-te desta às mil maravilhas. E tu, meu menino, põe-te a mexer e *(Referindo-se ao instrumento musical e à aljava do Cita.)* leva isso contigo. Eu vou soltar este fulano. *(Ao Parente.)* Tu, mal te apanhes solto, raspa-te o mais   1205 depressa possível, sem hesitações, e desanda para casa, para junto da tua mulher e dos teus filhos.

PARENTE

Disso trato eu, se me vejo à solta de uma vez por todas.

EURÍPIDES

Estás livre! Agora é contigo. Escapa-te antes que o guarda volte e te apanhe.

PARENTE
(Já em fuga.)

É isso mesmo que vou fazer.

GUARDA
(De volta com a bailarina.)

Ó tiazinha, que mocinha maravilhosa tu ter, arisca não, muito   1210 amável. Mas onde é que está a velhinha? Ai de mim! Estar perdido! Onde estar o velho que estava aqui? Ó velhinha, ó velha! Isto não está

bem, tiazinha. Artamúxia! Pregou-ma, a velha. (*À bailarina.*) Desaparece
1215 daqui, tu, depressa! É certo a história do aljavo, que eu gastei no amor[177].
Ai de mim! E agora? Onde se raspar a velhinha? Artamúxia!

CORO

É a velha que procuras, aquela que levava a harpa?

GUARDA

Sim, sim, Tu viste-o?

CORO
(Apontando para a esquerda.)

Foi por aqui que ela se safou, ela e um velho que ia com ela.

GUARDA

1220 Uma velha com uma túnica amarela?

CORO
(Apontando para a direita.)

Isso mesmo. Ainda os agarras se meteres por aqui.

GUARDA
(Correndo em todos os sentidos.)

Ó maldito velha! Por que caminho eu ir? Artamúxia!

---

[177] O Guarda estabelece entre as duas palavras, συβίνη 'aljava' e κατεβίνησα 'fiz amor' uma falsa etimologia, de onde resulta um gracejo obsceno.

CORO

Mete por aí acima. Onde é que tu vais? Não te metes outra vez por aí, pois não? Assim vais pelo lado contrário.

GUARDA

Que desgraça esta! Mas eu correr. Artamúxia! 1225

CORO

Corre mas é para o raio que te parta e bons ventos te levem! Quanto a nós, já nos divertimos que chegue. É altura de ir cada uma para sua casa. E que as Tesmofórias nos recompensem com as suas boas graças. (*Saem.*)

Índice

Nota prévia 9

INTRODUÇÃO
As Mulheres que celebram as Tesmofórias e a sua inserção
na produção dramática de Aristófanes 11
Bibliografia 31

TRADUÇÃO
As Mulheres que celebram as Tesmofórias 35

Personagens da peça 36

Paginação

CLICKART, LDA

Impressão e acabamento
da
CASAGRAF - Artes Gráficas Unipessoal, Lda.
para
EDIÇÕES 70, LDA.
Outubro de 2001